EINFÜHRUNG IN TAROT UND ASTROLOGIE: EINE HARMONISCHE VERBINDUNG

Wulfric Rightwood

Astro-Tarot: Die Verbindung von Himmel und Karten

Wie kosmische Prinzipien und Tarot Weisheit offenbaren

ᛏᛏ tredition

Druck und Distribution im Auftrag des Autors
tredition GmbH, Heinz-Beusen-Stieg 5, 22926 Ahrensburg,
Deutschland

DIE KUNST DER DEUTUNG: TAROTKARTEN MIT ASTROLOGISCHEN PRINZIPIEN KOMBINIEREN..119

PERSÖNLICHE ENTWICKLUNG: SELBSTREFLEXION UND INNERES WACHSTUM DURCH TAROT UND ASTROLOGIE.. 156

PRAKTISCHE ANWENDUNGEN: LEGESYSTEME UND ASTROLOGISCHE TRANSITE IM EINKLANG......... 188

FORTGESCHRITTENE TECHNIKEN: VERTIEFUNG UND INTEGRATION NEUER ERKENNTNISSE ... 225

Einführung in Tarot und Astrologie: Eine harmonische Verbindung

Ursprung und Geschichte des Tarot

Der Ursprung und die Geschichte des Tarot ist ein faszinierendes Kapitel in der Entwicklung spiritueller Praktiken und okkulter Wissenschaften. Die Tarotkarten haben im Laufe der Jahrhunderte eine bemerkenswerte Wandlung erfahren, von einem einfachen Kartenspiel hin zu einem tiefgründigen Werkzeug der Selbsterkenntnis und Divination.

Die Ursprünge des Tarot lassen sich bis ins späte 14. Jahrhundert zurückverfolgen. Historische Aufzeichnungen zeigen, dass die frühesten Tarotkarten in Norditalien auftauchten. Diese Karten, bekannt als "Carte da Trionfi" oder "Triumphkarten", wurden ursprünglich für Kartenspiele genutzt. Ihr Einsatz zur Divination oder Wahrsagerei entwickelte sich erst später. Der bekannte Tarot-Historiker Michael Dummett beschreibt in seinem Werk "The Visconti-Sforza Tarot Cards" diesen Übergang und hebt die kulturellen Einflüsse hervor, die diese Entwicklung prägten.

Im 15. Jahrhundert verbreitete sich das Tarot-Spiel über die europäischen Tafeln, insbesondere nach Frankreich und Spanien. Es war jedoch erst im 18. Jahrhundert, dass das Tarot seine heutige Form als esoterisches Werkzeug annahm. Der okkulte Forscher Jean-Baptiste Alliette, besser bekannt als Etteilla, begann zu dieser Zeit, die Karten nicht nur als Spiel, sondern als Werkzeug der Wahrsagerei zu deuten. In seinem Buch "Manière de se récréer avec le jeu de cartes nommées Tarots" (1785) etablierte Etteilla grundlegende Interpretationen der Karten, die bis heute nachwirken.

Ein entscheidender Moment in der esoterischen Geschichte des Tarot war das Erscheinen des "Rider-Waite-Tarotdecks" im frühen 20. Jahrhundert, entworfen von Arthur Edward Waite und illustriert von Pamela Colman Smith. Waite, ein Mitglied des "Hermetic Order of the Golden Dawn", einer einflussreichen geheimwissenschaftlichen Gesellschaft, integrierte kabbalistische, astrologische und alchemistische Konzepte in die Gestaltung der Karten. Dieses Deck war maßgeblich daran beteiligt, das modernere, stark symbolische Tarotsystem zu etablieren.

Der Einfluss astrologischer Konzepte auf das Tarot ist zwar subtiler, doch unbestreitbar vorhanden. Die Symbole der Karten und ihre Anordnung im Deck spiegeln oft astrologische Prinzipien wider. So ist der Narr, als Karte des Neubeginns und der Unbekümmertheit, häufig mit dem Planeten Uranus verbunden, während die Hohepriesterin als Symbol des intuitiven Wissens mit dem Mond assoziiert wird. Der Tarotexperte Robert Place geht in seinem Buch "The Tarot:

History, Symbolism, and Divination" auf diese komplexe symbolische Welt ein und beleuchtet, wie sie in die breitere symbolische Tradition eingebettet ist.

In der modernen Esoterik hat das Tarot seine Rolle als Brücke zwischen verschiedenen Disziplinen eingenommen, darunter auch die Astrologie. Diese Vereinigung ermöglicht es spirituellen Suchenden, tiefere Einblicke in ihre Lebenssituationen zu gewinnen. Durch das ausbalancierte Verständnis beider Systeme wird eine harmonische Synergie erzielt, die eine ganzheitliche Sicht auf das Sein und das Werden erlaubt. Die Tarotforscherin Mary K. Greer, eine Verfechterin dieser interdisziplinären Ansätze, hebt in ihren Schriften immer wieder hervor, wie die Verbindung von Tarot und Astrologie zu einer umfassenden inneren Weisheit führen kann.

In einem umfassenden Studium der Tarotgeschichte wird deutlich, dass sich die Karten über Jahrhunderte als dynamisches und entwicklungsfähiges System erwiesen haben. Ihre Reise von den Plaudertaschen der italiänischen Höfe zu den spirituellen Salons des 19. Jahrhunderts und schließlich zu den mystischen Praktiken der heutigen Zeit zeugt von ihrer ungebrochenen Relevanz und ihrer bemerkenswerten Fähigkeit, sich den wandelnden spirituellen Bedürfnissen anzupassen.

Daher verkörpert das Tarot mehr als nur ein Werkzeug der Deutung; es ist ein lebendiges Zeugnis der menschlichen Suche nach Sinn und Transzendenz. Durch seine reiche Geschichte und kulturelle Vielschichtigkeit hat es seinen berechtigten Platz in der modernen spirituellen Praxis als Instrument zur persönlichen und kollektiven Einsicht gefunden.

Bedeutung der Arkana im Tarot

Die Arkana des Tarot ist eine faszinierende Entität innerhalb der esoterischen Disziplinen und bildet das Rückgrat jeder Tarot-Interpretation. In der weiten Welt des Tarot sind die Karten in zwei Gruppen unterteilt: die Großen Arkana und die Kleinen Arkana. Jede dieser Gruppen hat ihre eigene Bedeutung, Symbolik und Rollen, die für das Verständnis dieser mystischen Kunst unerlässlich sind.

Die Großen Arkana, bestehend aus 22 Karten, repräsentieren die tiefere, universelle und archetypische Weisheit, die den spirituellen Weg des Individuums widerspiegelt. Diese Karten sind oft als das spirituelle Gerüst des Tarot bekannt. Sie erzählen die Reise des Narren, die metaphorisch für den Weg des Suchenden durch die Mysterien des Lebens steht. Beginnen tut diese Reise mit dem Narren selbst, der in seiner Unvoreingenommenheit und Arglosigkeit die Möglichkeit birgt, in endlose Richtungen zu steuern. Jede der nachfolgenden Karten – von der Magierin und der

Hohenpriesterin, über den Wagenlenker bis hin zum Judgement – ist ein Meilenstein auf diesem spirituellen Pfad.

Tiedemann beschreibt in seinen Studien, dass "die Großen Arkana als symbolische Geschichte der menschlichen Erfahrung dienen, ein mythologischer Pfad, der zu Selbstentdeckung und Transformation führt" (Tiedemann, 2005). Die Karten spiegeln die Transformationen und Prüfungen wider, die ein Individuum erlebt, und bieten Einblicke in die innersten Aspekte des Seins.

Die Kleinen Arkana, andererseits, bestehen aus 56 Karten, die das alltägliche Leben und die nuancierten Aspekte des menschlichen Daseins darstellen. Diese Karten sind in vier Suits unterteilt: Stäbe, Kelche, Schwerter und Münzen, die jeweils einem der vier klassischen Elemente Feuer, Wasser, Luft und Erde entsprechen. Jede Farbe umfasst zehn nummerierte Karten sowie vier Hofkarten: Page, Ritter, Königin und König. Diese Karten sind einflussreich bei der Beleuchtung der täglichen Herausforungen, Beziehungen und dynamischen Prozesse, die jeder Mensch erlebt.

In den Kleinen Arkana finden wir eine detaillierte Aussage zur Mikrokosmovision, die das Alltägliche in der menschlichen Erfahrung formt und interpretiert. Wie Smith (2008) feststellt: "Die kleinen Arkana beleuchten den Weg der alltäglichen Erfahrungen und Herausforderungen und bieten dabei einen praktischen Rahmen zur Reflexion über das tägliche Leben" (Smith, 2008).

Der wahre Reiz der Arkana entsteht jedoch durch die Interaktion zwischen den beiden Hauptkategorien. Während die Großen Arkana für transformative Phasen und zentrale Lebenslektionen stehen, machen die Kleinen Arkana die Feinheiten unseres täglichen Lebens sichtbar. Die Kunst, beide Aspekte im Tarot zu kombinieren, besteht darin, eine tiefere und umfassendere Einsicht in die Lebensrealitäten des Ratsuchenden zu gewinnen. Diese Kartensymbiose ermöglicht einen Mikro- und Makrokosmos der menschlichen Erfahrung, die im Tarot-Symbolismus verewigt ist.

Ein zentrales Element bei der Deutung der Arkana ist die Berücksichtigung der Key-Symbole und Archetypen, die tief in das kollektive Unbewusste eintauchen, eine Theorie, die maßgeblich vom analytischen Psychologen Carl Gustav Jung inspiriert wurde. Jung betonte die Universalität von Archetypen und symbolischen Geschichten als integralen Bestandteil des individuellen und kollektiven symbolischen Traumlebens. In diesem Sinne fungieren die Tarotkarten als Brücke ins Unbewusste und ermöglichen einen Dialog zwischen dem bewussten Selbst und den tieferen, unbewussten Schichten der Psyche.

Die Arkana im Tarot eröffnen durch ihre symbolischen und archetypischen Repräsentationen eine tiefere Dimension der Erkenntnis. In Anbetracht der Verbindung von Tarot mit astrologischen Prinzipien entsteht ein noch tieferes Verständnis der inneren und äußeren Einflüsse, die das Leben jedes Einzelnen prägen. Diese integrative Sichtweise fördert nicht nur das spirituelle Wachstum, sondern auch das Bewusstsein um die verborgenen Dynamiken der eigenen Reise.

Grundlagen der Astrologie: Planeten, Häuser und Tierkreiszeichen

Die Grundlagen der Astrologie bilden das Rückgrat des Verständnisses für die himmlischen Einflüsse auf unser tägliches Leben. Astrologie kann als die Sprache der Sterne verstanden werden, durch die wir tiefere Einsichten in unsere Persönlichkeit und unsere Bestimmung erlangen können. Die drei wesentlichen Bausteine der Astrologie sind die Planeten, die Häuser und die Tierkreiszeichen. Diese Elemente arbeiten zusammen, um ein komplexes und gefühlvolles Bild des individuellen Schicksals und der kosmischen Ordnung zu erzeugen.

Planeten: Die Himmelskörper als Archetypen

In der Astrologie sind die Planeten nicht nur physische Körper im Weltall, sondern repräsentieren archetypische Energien und Kräfte, die unser Leben beeinflussen. Jeder Planet steht für bestimmte Grundprinzipien und Aspekte der Persönlichkeit:

Die Sonne: Symbolisiert das Selbst, die Identität und den Lebenssinn. Sie ist der Mittelpunkt unseres Horoskops und steht für die grundlegende Struktur des „Ichs".

Der Mond: Repräsentiert die Emotionen, das Unterbewusstsein und die innere Welt. Der Mond zeigt, wie wir emotional agieren und reagieren.

Merkur: Steht für den Verstand, die Kommunikation und die Intelligenz. Er beschreibt, wie wir denken und wie wir Informationen verarbeiten.

Venus: Symbolisiert Liebe, Schönheit und Harmonie. Venus beschreibt unsere Werte und wie wir in Beziehungen harmonisieren.

Mars: Verkörpert Energie, Aktion und Durchsetzungskraft. Mars zeigt, wie wir unseren Willen manifestieren.

Jupiter: Stellt Expansion, Glück und Weisheit dar. Er reflektiert unsere spirituelle Sicht und Lebensphilosophie.

Saturn: Repräsentiert Struktur, Disziplin und Verantwortung. Saturn ist der Lehrer, der uns durch Herausforderungen wachsen lässt.

Uranus: Steht für Veränderung, Innovation und Rebellion. Er bringt unerwartete Veränderungen und neue Ideen.

Neptun: Symbolisiert Illusion, Spiritualität und Mitgefühl. Neptun bringt Träume und Visionen.

Pluto: Repräsentiert Transformation, Macht und das Unbewusste. Pluto zeigt, wo es tiefgreifende Veränderungen geben muss.

Häuser: Die Bühnen des Lebens

Die zwölf Häuser des Horoskops stellen verschiedene Lebensbereiche dar. Jedes Haus ist ein Segment des Himmels, das spezifische Themen und Erfahrungen im Leben präsentiert:

Erstes Haus: Identität und Auftreten. Es bestimmt die Selbstwahrnehmung und die äußere Erscheinung.

Zweites Haus: Finanzen und Werte. Es zeigt an, wie wir unser Geld verwalten und was wir für wertvoll halten.

Drittes Haus: Kommunikation und Geschwister. Es dreht sich um Intellekt, Sprache und alltäglichen Austausch.

Viertes Haus: Zuhause und Familie. Es beschreibt die Herkunft und die inneren emotionalen Wurzeln.

Fünftes Haus: Kreativität und Freude. Dort werden Selbstausdruck, Kinder und Romanzen beleuchtet.

Sechstes Haus: Arbeit und Gesundheit. Es zeigt unsere Einstellung zu Routine und Körperpflege.

Siebentes Haus: Partnerschaften und Ehe. Es beschreibt die Dynamik der engeren Beziehungen.

Achtes Haus: Transformation und Sexualität. Hier sind tiefere, oft verborgene Phänomene beheimatet.

Neuntes Haus: Höhere Bildung und Reisen. Es steht für die Themen von Wachstum und Entfaltung des Geistes.

Zehntes Haus: Karriere und öffentliche Rolle. Es repräsentiert Ambitionen und soziale Stellung.

Elftes Haus: Freundschaften und Netzwerke. Es ist mit Gruppen und humanitärem Engagement verbunden.

Zwölftes Haus: Spiritualität und Geheimnisse. Dieses Haus bringt Rückzug und innere Heilung.

Tierkreiszeichen: Die kosmischen Persönlichkeiten

Die zwölf Tierkreiszeichen können als kosmische Persönlichkeiten betrachtet werden, von denen jedes einzigartige Qualitäten und Energien repräsentiert:

Widder: Mutig, leidenschaftlich und abenteuerlustig. Widder ist das Zeichen des Beginnens.

Stier: Geduldig, erdverbunden und sinnlich. Stier ist das Zeichen der Beständigkeit.

Zwillinge: Kommunikativ, anpassungsfähig und neugierig. Zwillinge ist das Zeichen der Dualität und des Austauschs.

Krebs: Empfindsam, fürsorglich und beschützend. Krebs ist das Zeichen der Familie und Emotionalität.

Löwe: Kreativ, selbstbewusst und großzügig. Löwe ist das Zeichen der Vitalität und des Selbstausdrucks.

Jungfrau: Analytisch, praktisch und dienstorientiert. Jungfrau ist das Zeichen der Präzision und des Dienstes.

Waage: Diplomatisch, ausgleichend und charmant. Waage ist das Zeichen der Partnerschaft und Harmonie.

Skorpion: Intensiv, leidenschaftlich und mysteriös. Skorpion ist das Zeichen der Transformation und Tiefe.

Schütze: Optimistisch, abenteuerlustig und philosophisch. Schütze ist das Zeichen der Weite und Entfaltung.

Steinbock: Ehrgeizig, diszipliniert und verantwortungsbewusst. Steinbock ist das Zeichen der Struktur und

Zielstrebigkeit.

Wassermann: Unkonventionell, innovativ und humanitär. Wassermann ist das Zeichen der Zukunft und Befreiung.

Fische: Sensibel, einfühlsam und mitfühlend. Fische sind das Zeichen der Spiritualität und Träume.

Die Astrologie verwendet das Zusammenspiel dieser Planeten, Häuser und Tierkreiszeichen, um ein detailliertes Bild der kosmischen Einflüsse zu zeichnen, die auf einen Einzelnen oder eine Situation wirken. In unserer Erkundung der Verbindung zwischen Tarot und Astrologie werden wir weiterhin auf diese fundamentalen astrologischen Grundsätze zurückgreifen, um die komplexen Wechselwirkungen zwischen den beiden Disziplinen zu verdeutlichen und tiefere Einsichten zu entwickeln.

Die astrologischen Entsprechungen im Tarot

Die Recherche nach den Verbindungen zwischen Astrologie und Tarot führt uns zu einer faszinierenden Symbiose, die weitreichende Einsichten offenbaren kann. Im traditionellen Tarotdeck, das aus dem 15. Jahrhundert stammt, sind die 78 Karten mehr als nur durch Symbolik bedeutsam. Jede Karte besitzt auch astrologische Entsprechungen, die häufig übersehen werden, jedoch den Schlüssel zu einem tieferen

Verständnis und einer reicheren Deutungserfahrung liefern können.

Um diese Verbindung voll zu würdigen, müssen wir sowohl die großen als auch die kleinen Arkana des Tarot in den Kontext astrologischer Prinzipien setzen. Beginnen wir mit den 22 Karten der großen Arkana, die am unmittelbarsten astrologischen Konzepten entsprechen. Diese Karten repräsentieren universelle Archetypen und essentielle Lebensthemen, die sich nahtlos mit den Energien der astrologischen Symbolik verbinden lassen. Ein bemerkenswertes Beispiel dafür ist die Karte "Der Herrscher" (IV), die oft mit dem Zeichen Widder und dem Planeten Mars in Verbindung gebracht wird. Diese Kombination spiegelt Führungskraft und Entschlossenheit wider, typische Merkmale des feurigen Widders und des dynamischen Mars.

Ein weiteres Beispiel ist "Die Hohepriesterin" (II), die der Mondenergie zugeordnet wird. Sie symbolisiert Intuition und das Unbewusste, Eigenschaften, die mit der typischen lunarischen Sensibilität des Mondes korrespondieren. Solche Zuordnungen helfen dem Praktizierenden, die Bedeutungen der Karten zu erweitern und zu vertiefen, indem sie astrologische Konzepte in die Interpretation integrieren.

Die kleinen Arkana, bestehend aus vier Farben – Stäben, Kelchen, Schwertern und Münzen –, finden ähnliche Entsprechungen in den astrologischen Zeichen. Diese Farben symbolisieren die vier Elemente Feuer, Wasser, Luft und

Erde, und korrelieren damit direkt zu den entsprechenden astrologischen Trigonen. Stäbe als das Element Feuer erhöht die Assoziation mit Zeichen wie Widder, Löwe und Schütze, welche mit Tatkraft und Kreativität verbunden sind. Kelche als Wasserzeichen resonieren mit Krebs, Skorpion und Fische, um emotionale Tiefe und Intuition zu betonen.

Darüber hinaus hat jede Karte innerhalb dieser Farben eine spezifische Beziehung zu einem astrologischen Zeitraum oder Transit. Beispiele hierfür sind die Hofkarten, die oft bestimmten Dekaden innerhalb eines astrologischen Zeichens zugeordnet werden und somit detaillierte Einblicke in spezifische Zeitrahmen oder Persönlichkeitsmerkmale bieten. Die Königin der Kelche, etwa, wird häufig mit dem dritten Dekanat des Zeichens Fische in Verbindung gebracht, was einen Höhepunkt an Sensibilität und Mitgefühl andeutet.

Die Astrologie verleiht dem Tarot eine zusätzliche Dimension, indem sie planetare Aspekte und Transite berücksichtigt. Dadurch kann ein Tarot-Legung viel mehr in den fließenden Zeitrahmen und kosmischen Rhythmus eingebettet werden. Planetarische Bewegungen, insbesondere Retrograde oder Eklipsen, können somit als Hintergrund für eine tiefere Analyse der Karten dienen.

Die Kenntnis dieser astrologischen Korrespondenzen macht den Tarot nicht nur facettenreicher, sondern bietet auch eine Brücke zwischen den Karten und der astrologischen Weisheit. Diese Symbiose ist für jene zutiefst bestärkend, die nach einer holistischen Betrachtung des Universums und ihres Platzes darin suchen. Es ist ein Erkenntnisprozess, der sich über das Streben nach innerem Gleichgewicht und universeller Verbindung definiert. Indem man sich den astrologischen Entsprechungen im Tarot öffnet, geht man den Weg der Erleuchtung und Harmonisierung zwischen diesen beiden uralten Disziplinen, die zusammen eine unvergleichlich kraftvolle Sprache sprechen.

Tarot-Karten als Spiegel des astrologischen Systems

In dem Versuch, die Parallelen zwischen Tarot und Astrologie umfassend zu verstehen, stößt der aufmerksame Suchende auf eine faszinierende Welt der Spiegelbilder, in der jedes Tarot-Deck ein mikrokosmischer Ausdruck des größeren astrologischen Makrokosmos ist. Tarotkarten und Astrologie sind beides Systeme, die auf Symbolik und Archetypen beruhen, und deren Stärke darin liegt, die verborgenen Muster und Kräfte unseres Lebens aufzuzeigen. Eine Betrachtung der Tarotkarten als Spiegel des astrologischen Systems eröffnet tiefere Ebenen der Einsicht und erleuchtet die feinen Verbindungen zwischen beiden Disziplinen.

Beginnen wir beim großen Arkana des Tarot, das als bedeutendstes Beispiel der astrologischen Entsprechungen dient. Die Karten des großen Arkanas sind mächtige symbolische Repräsentationen, die tief in der menschlichen Psyche verankerte Archetypen darstellen. Jede dieser Karten kann astrologischen Konzepten zugeordnet werden. So entspricht beispielsweise der "Narr" dem Planeten Uranus, der für Veränderung, Neuanfang und unerwartete Ereignisse steht, während der "Magier" mit dem Zwillinge-Zeichen und dem dazugehörigen Planeten Merkur korrespondiert, der Kommunikation, Intellekt und Anpassungsfähigkeit symbolisiert.

Der Reichtum dieser Verbindungen wird noch greifbarer, wenn wir das Beispiel der großen Arkana aufstellen. Die Tarotkarte "Die Liebenden" steht astrologisch in Verbindung mit dem Zeichen Zwillinge. Thematisch setzen sich sowohl die Karte als auch das Sternzeichen mit Beziehungen und dualen Aspekten auseinander. "Der Eremit", ein Sinnbild für introspektive Reise und Selbsterkenntnis, findet im astrologischen System seine Entsprechung im Zeichen Jungfrau, welches für Analyse, Dienstbarkeit und Detailverliebtheit steht.

Das kleine Arkana, bestehend aus den vier Farben — Stäbe, Kelche, Schwerter und Münzen (oder Pentakel) — verkörpert die vier grundlegenden Elemente des astrologischen Systems: Feuer, Wasser, Luft und Erde. Jede dieser Farben steht in direkter Beziehung zu den Eigenschaften der jeweiligen astrologischen Elemente. Die Stäbe, elementarem Feuer entsprechend, symbolisieren Leidenschaft, Kreativität und Energie. Die Kelche, mit dem Wasserelement verbunden, verkörpern Emotion, Intuition und das Unbewusste. Schwerter stehen für das Luftelement mit Intellekt, Logik und Konflikt, während Münzen das Erd-Element mit Materialität, Stabilität und Praktikabilität repräsentieren.

Vertiefen wir uns weiter in die detaillierte Analyse der Karten des kleinen Arkana, können wir weitere Feinheiten der astrologischen Spiegelbilder entdecken. So wird der König der Stäbe oft mit der dynamischen und feurigen Kraft des Widders in Verbindung gebracht, während die Königin der Kelche als Synonym für die mitfühlende, intuitive und oft mystische Natur des Fische-Zeichens steht. Diese facettenreiche Elementarzuordnung verleiht den Tarotkarten zusätzliche Schichten von Bedeutung, die einen astrologisch bewanderten Interpreten ermutigen, über die eindeutigen Symboliken hinauszugehen.

Zitate antiker Quellen untermauern und erweitern diese Synthese. Der italienische Okkultist und Philosoph Eliphas Levi schrieb in seinem Werk "Transcendental Magic", dass die arkane Symbolik des Tarot und die kosmische Darstellung der Astrologie einander ergänzen und "gemeinsam die Schlüssel der alten Weisheit" bewahren. Diese historische Perspektive bestätigt das tiefliegende Zusammenwirken der beiden Systeme.

Bei der Betrachtung der Tarotkarten als Spiegel des astrologischen Systems wird offenbar, dass die Integration dieser beiden traditionellen Disziplinen weit mehr als eine bloße Verbindung von Praktiken darstellt. Es handelt sich vielmehr um ein ganzheitliches System, das den Suchenden in eine tiefere Verständnisdimension des Kosmos und seiner selbst führt. Durch das Verständnis der astrologischen Entsprechungen innerhalb des Tarot können Suchende den vollumfänglichen Nutzen beider Systeme ausschöpfen und harmonische, sinnstiftende Deutungen in ihrem Leben anwenden. Möge diese facettenreiche Perspektive sowohl für den erfahrenen als auch den neuen Anhänger der esoterischen Künste Erleuchtung und Klarheit bringen.

Der Einfluss von Planetenbewegungen auf Tarot-Legungen

Im Zusammenspiel von Tarot und Astrologie eröffnet sich eine faszinierende Welt voller Symbolik und tiefgründiger Einsichtsmöglichkeiten. Eines der spannendsten Konzepte in dieser Beziehung ist der Einfluss von Planetenbewegungen auf Tarot-Legungen. Die Planeten unseres Sonnensystems bewegen sich kontinuierlich und ändern dadurch ihre Positionen am Himmel. Diese Bewegungen, auch als Transite bekannt, haben eine immense Bedeutung in der astrologischen Praxis und beeinflussen gleichermaßen die Bedeutungen und Deutungen von Tarot-Legungen.

In der Astrologie wird jedem Planeten eine bestimmte Energie und Symbolik zugeordnet. Zum Beispiel wird die Sonne mit dem Selbst und dem Ego assoziiert, der Mond mit Emotionen und dem Unterbewusstsein, und Merkur mit Kommunikation und Intellekt. Diese planetarischen Eigenschaften verändern sich dynamisch mit den jeweiligen Transiten und beeinflussen die Themen und Fragen, die in einer Tarot-Legung auftauchen können. Die Kenntnis dieser Einflüsse kann die Tiefe und Genauigkeit einer Tarot-Legung erheblich erweitern.

Ein Beispiel hierfür ist der Eintritt des Mars in das Sternzeichen Widder. Mars, bekannt als der Planet der Aktion und des Konflikts, entfaltet im Widder, einem Zeichen, das für Energie und Direktheit steht, seine volle Kraft. In diesem Zeitraum können Tarot-Legungen, die von einem Mars-Transit im Widder beeinflusst werden, Themen wie Neuanfänge, Durchsetzungsfähigkeit und mutige Initiativen betonen. Auf der anderen Seite können sie auch Warnungen vor Impulsivität und dem Risiko von Konflikten beinhalten.

Ein weiteres facettenreiches Ereignis ist die Retrograd-Bewegung von Planeten. Wenn ein Planet rückläufig wird, erscheint er vom Standpunkt der Erde aus betrachtet, sich rückwärts zu bewegen. Diese Phasen sind besonders potent bei Merkur, der häufig rückläufig ist und für Störungen in der Kommunikation, Missverständnisse und Verzögerungen bekannt ist. In Tarot-Legungen, die während der rückläufigen Phasen von Merkur durchgeführt werden, könnte der Hermit (Einsiedler) oder der Hanged Man (Der Gehängte) häufig auftauchen, um zur Reflexion und Geduld zu mahnen.

Zusätzlich führen Jupiter und Saturn als langsamere Planeten zu umfassenderen, lang andauernden Einflüssen auf das Leben der Menschen. Jupiter-Transite sind bekannt dafür, Wachstum und Expansion zu fördern, während Saturn-Transite oft Herausforderungen und Lektionen in Disziplin und Verantwortung hervorheben. Tarot-Legungen unter Jupiter-Einfluss könnten Karten wie das Rad des Schicksals oder die Neun der Kelche hervorbringen, die auf Gelegenheiten und Fülle hinweisen, während Saturns Einfluss Karten wie den Turm oder den Hierophant widerspiegeln könnte, die mit Struktur, Regeln oder Umbrüchen assoziiert werden.

Diese planetaren Bewegungen fügen eine weitere Ebene zur Deutung von Tarot hinzu. Sie ermöglichen es, nicht nur die aktuelle energetische Atmosphäre zu erfassen, sondern auch, die Fragestellungen und Herausforderungen des Fragers im Kontext der größeren, kosmischen Einflüsse zu verstehen und zu bewerten. Die Synchronizität zwischen Planetenbewegungen und Tarot sollte nicht als bloßer Zufall betrachtet werden, sondern als eine Einladung, tiefer in das

Zusammenspiel zwischen den kosmischen Energien und unserem irdischen Leben einzutauchen.

Durch das Studium der astrologischen Transite im Zusammenhang mit Tarot können Praktizierende ein reichhaltiges, intuitives Verständnis der aktuellen Lebensumstände und der möglichen Entwicklungen erlangen. Dieses kombinierte Wissen unterstützt nicht nur bei der erfolgreichen Deutung der Karten, sondern ermutigt auch zur Selbstreflexion und zu einem tieferem Bewusstsein für die interaktiven Kräfte, die unser Leben und unsere Entscheidungen formen.

Insgesamt zeigt der Einfluss von Planetenbewegungen auf Tarot-Legungen, wie eng die Disziplinen Tarot und Astrologie miteinander verwoben sind, und bietet dem Fragenden sowohl umfassend strukturierte als auch intuitive Einsichten. Die Einladung, sich mit diesen Einflüssen auseinanderzusetzen, eröffnet dem Esoterik-Interessierten eine tiefere Kenntnis der inneren und äußeren Lebenswelten, bietet Orientierung in chaotischen Zeiten und inspirierende Reflexionen auf dem Weg zu persönlichem Wachstum und innerer Erfüllung.

Die Vereinigung von Tarot und Astrologie in der praktischen Anwendung

Die praktische Anwendung der Vereinigung von Tarot und Astrologie bietet faszinierende Möglichkeiten, unser inneres Verständnis und unsere äußeren Lebenserfahrungen zu vertiefen. Indem man die symbolträchtigen Bilder der Tarotkarten mit den kosmischen Prinzipien der Astrologie kombiniert, entsteht eine dynamische Methode der Deutung, die sowohl die Klarheit der inneren Erfahrung als auch die Struktur einer astrologischen Analyse berücksichtigt.

Um die Synergie zwischen Tarot und Astrologie effektiv zu nutzen, ist es entscheidend, die jeweiligen Stärken der beiden Systeme zu verstehen. Während die Tarotkarten durch ihre bildhafte Symbolik intuitiven Zugang zu persönlichen und universellen Themen bieten, stellt die Astrologie eine analytische Landkarte zur Verfügung, die das Verständnis für den Einfluss von Planeten und Sternzeichen auf unser Verhalten und unsere Persönlichkeit ermöglicht.

Ein konkreter Ansatz besteht darin, ein Tarot-Deck auszuwählen, das astrologische Symbole und Korrespondenzen integriert. Die *Thoth Tarot Karten*, zum Beispiel, sind bekannt für ihre umfangreiche astrologische Symbologie, die in jedem Aspekt des Decks verwoben ist. Die Karten können nicht nur individuell gedeutet, sondern auch als astrologische Konzepte interpretiert werden, was ein tiefgreifendes Verständnis persönlicher oder universeller Themen fördert.

Interessant ist die Anwendung von Tarot im Zusammenhang mit astrologischen Transiten. Ein Transit beschreibt die gegenwärtige Bewegung eines Planeten durch den Tierkreis und dessen Einfluss auf die individuelle Geburtskarte. Tarot-Legungen, die mit diesen Transiten synchronisiert sind, können nützliche Einsichten bieten, die sowohl das Potenzial als auch die Herausforderungen der aktuellen planetarischen Bewegung reflektieren. Beispielsweise kann eine Person entscheiden, ein Tarot-Spread zu verwenden, das speziell für den Transit des Saturn in einem bestimmten Haus entwickelt wurde, um die dabei relevanten Themen zu erkunden.

Während der astrologische Transit Einblick in äußere Ereignisse und die Struktur dieser Ereignisse bietet, ermöglichen die Tarotkarten, die während dieser Phase gezogen werden, eine tiefere Betrachtung der psychologischen und spirituellen Dimensionen des Erlebens. Diese Kombination bietet somit eine umfassendere Sicht, indem sie äußere Umstände mit innerer Einsicht verknüpft.

Eine besonders wirkungsvolle Methode zur Vereinigung von Tarot und Astrologie ist das *Astro-Tarot-Chart*. Dieses System integriert das gesamte Geburtshoroskop in die Tarot-Legung. Jede der zwölf Positionen des astrologischen Hauses wird dabei mit einer Tarotkarte besetzt, die wiederum eine bestimmte Bedeutung oder Einsicht zu jenem Lebensbereich liefert. Diese Technik ermöglicht eine detaillierte Untersuchung der verschiedenen Facetten des Lebens, da sie sowohl individuelle Themen als auch universelle Lebenszyklen umfasst.

Die Verbindung von Tarot und Astrologie in der praktischen Anwendung erfordert nicht nur ein tiefes Verständnis der symbolischen Systeme selbst, sondern auch eine Offenheit für intuitive Einsichten. Die Rolle der Intuition darf hierbei nicht unterschätzt werden, da sie die Brücke bildet zwischen den analytischen Teilen der Deutung und den intuitiven Impressionen, die während einer Sitzung auftauchen können.

Zuletzt ist es wichtig, persönliche Erfahrungen mit der Vereinigung von Tarot und Astrologie zu sammeln. Jeder Praktizierende wird mit der Zeit eigene Systeme, Methoden und Interpretationen entwickeln, die seiner individuellen Perspektive und seinem spirituellen Weg entsprechen. Indem wir diese Techniken nicht nur theoretisch, sondern aktiv und regelmäßig anwenden, schaffen wir eine reiche Grundlage für Selbsterkenntnis und spirituelles Wachstum.

Durch das Erkunden der Vereinigung von Tarot und Astrologie in der praktischen Anwendung öffnet sich ein vielfältiges Spektrum an Möglichkeiten, die unser persönliches und spirituelles Wachstum fördern können. Es bietet einen lebendigen Weg der Selbsterkenntnis und der Einfühlung in die Rhythmen des Universums, wodurch wir in der Lage sind, unser Leben bewusster und zielgerichteter zu gestalten.

Symbolik und Archetypen: Verbindungen zwischen Tarot und Astrologie

Die Verbindung von Tarot und Astrologie bietet eine faszinierende Möglichkeit, tiefere Einsichten in die Komplexität unserer Psyche und unseres Lebens zu gewinnen. Zentral in dieser Verbindung steht das Verständnis von Symbolik und Archetypen – grundlegende Muster, die sowohl das Tarot als auch die Astrologie durchziehen.

Im Tarot sind es die 78 Karten, deren Bilder symbolische Geschichten erzählen. Jedes Bild ist ein reichhaltiger Text aus symbolischen Motiven, die Archetypen, uralte Muster der menschlichen Erfahrung, verkörpern. Tarot-Experten wie Rachel Pollack und Mary K. Greer betonen, dass „die Karten als Fenster zu universellen Wahrheiten dienen, verborgen im kollektiven Unterbewussten der Menschheit" (Pollack, 1980).

Astrologie hingegen entfaltet sich über die kosmische Bühne mit den zwölf Tierkreiszeichen, den Planeten und den zwölf Häusern. Jedes dieser Elemente bietet eine archetypische Energie, die das Individuum auf der Bühne des Lebens beeinflusst. Der tiefere Sinn dieser Symbolik lässt sich durch den berühmten Psychologen Carl Gustav Jung erfassen, der sagte: „Astrologie repräsentiert die Summe aller psychologischen Erkenntnisse der Antike" (Jung, 1947).

Beide Systeme, Tarot und Astrologie, verwenden die Sprache der Symbole, um archetypische Inhalte zu illustrieren. Diese Verbindung von Bildern und Sternbildern ist kein Produkt neuerer Esoterikinteressierter; sie wurzelt tief in der Geschichte. Der Hermetische Orden der Goldenen Morgenröte (Golden Dawn), ein einflussreicher okkulter Bund des späten 19. und frühen 20. Jahrhunderts, spielte eine entscheidende Rolle bei der systematischen Integration dieser beiden Disziplinen. Ihre Arbeit verband die Trümpfe im Tarot mit den zwölf Tierkreiszeichen und den zehn Planeten des klassischen astrologischen Systems.

Ein herausragendes Beispiel für die Verknüpfung von Symbolen und Archetypen ist die Karte des „Narren" im Tarot. Dieser Archetyp erinnert an das Tierkreiszeichen Widder, das den Anfang des astrologischen Jahres markiert. Beide, der Narr und der Widder, symbolisieren einen frischen Start, das unbeschwerte Streben nach neuen Erfahrungen und den Mut, ins Unbekannte vorzustoßen.

Die Struktur der Großen Arkana im Tarot spiegelt solche archetypischen Reisen wider. Vom „Narren" bis zur „Welt" zeigt jede Karte sowohl individuelle als auch universelle

Aspekte des Seins, parallelen zu astrologischen Archetypen folgend. Der „Magier" repräsentiert die schöpferische Energie und den Einfluss des Merkurs, der Kommunikation und geistiger Fähigkeiten zugeordnet ist.

Darüber hinaus tragen die Planeten zu den Tarot-Karten Beziehungen bei, indem sie spezifische Energien hervorheben. Die Karte der „Liebenden" korrespondiert etwa mit dem Planeten Venus. Diese Verbindung unterstreicht nicht nur romantische Beziehungen, sondern auch das Streben nach Harmonie und Schönheit, Themen, die die Venus astrologisch beherrscht.

Ein tieferes Verständnis dieser symbolischen Konstellationen eröffnet neue Dimensionen der Deutung. Wenn eine Tarotkarte in einer Lesung erscheint, können astrologische Prinzipien die Bedeutung erweitern oder präzisieren, indem sie eine weitere Schicht an Interpretationen hinzufügen. Zum Beispiel kann der „Turm", der oft mit plötzlichen Umwälzungen assoziiert wird, im Kontext eines astrologischen Pluto-Transits besonders bedeutungsvoll sein. Pluto, der für Transformation und tiefe, unaufhaltsame Wandlungen steht, verleiht dem „Turm" eine zusätzliche Schicht der Tiefenerneuerung.

Die Synthese von Tarot und Astrologie durch Symbole und Archetypen stellt also eine reiche Quelle für Inspiration und Verständnis zur Verfügung. Diese Systeme sind nicht nur Werkzeuge zur Weissagung; vielmehr bieten sie einen

Spiegel zur Selbsterkenntnis, eine Landkarte durch das Labyrinth der Seele. Die Integration der beiden hilft Esoterikinteressierten, nicht nur umfassende Perspektiven auf äußere Ereignisse, sondern auch auf innere Prozesse zu gewinnen.

Indem man die gemeinsame Sprache der Symbole und Archetypen von Tarot und Astrologie erlernt, öffnet man sich einer Welt der Einsichten, die das Potenzial haben, philosophische Fragen sowie psychologische Wahrheiten zu beleuchten. Wichtig ist dabei, diese Systeme nicht starr, sondern dynamisch und flexibel zu interpretieren – mit einem Verständnis dafür, dass Symbole lebendig sind und mit uns in Dialog treten, während wir durch die Kunst der kosmischen Deutung neue Ebenen der Wahrheit und Erleuchtung ergründen.

Die Rolle der Intuition in beiden Disziplinen

Die Intuition spielt eine zentrale Rolle sowohl im Tarot als auch in der Astrologie und fungiert als Brücke zwischen den tiefgründigen, symbolischen Botschaften dieser Disziplinen und unserem bewussten Verständnis. In beiden Systemen geht es darum, symbolische Informationen zu entschlüsseln und in einer Weise zu interpretieren, die die Zeitlosigkeit der menschlichen Erfahrung widerspiegelt. Durch

Intuition können wir auf eine tiefere, nicht unbedingt rationale Ebene des Verstehens gelangen, die uns ermöglicht, die unendlichen Feinheiten und Nuancen dieser Künste zu begreifen.

Im Tarot ist die Intuition besonders wichtig, wenn es darum geht, die spezifische Bedeutung einer Karte im Kontext ihrer Legung zu erfassen. Jede Karte trägt eine Vielzahl von symbolischen Aspekten, die je nach Situation variabel sind. Der intuitive Leser ist in der Lage, die "richtige" Interpretation zu finden, die für den Fragesteller in diesem Augenblick gilt. Dieses Gespür für die subtilen Hinweise und Feinheiten der Karten kann nicht allein durch Bücher oder formale Ausbildung erlernt werden, sondern erfordert eine schrittweise Entwicklung durch stetiges Üben und ein tiefes Vertrauen in die eigenen, inneren Impulse.

Die Astrologie wiederum fordert von ihrem Praktizierenden, die korrelativen Kräfte der Planeten, Häuser und Zeichen zu verstehen. Aber jenseits von Tabellen und Berechnungen ist es die Intuition, die dem Astrologen erlaubt, scheinbar abstrakte Informationen zu einem verständlichen und relevanten Bild zu verweben. Ein erfahrener Astrologe liest nicht nur eine Geburts- oder Transittabelle, sondern fühlt deren lebendige Energie, erkennt Strömungen und Muster, die nicht unbedingt offensichtlich sind. C. G. Jung bemerkte einmal: "Synchronicität offenbart die Bedeutung von Zufällen durch intuitive Erleuchtung" – eine Aussage, die wunderbar die Art beschreibt, wie Astrologie genutzt wird, um verborgene Wahrheiten zu offenbaren.

Die intuitive Verbindung zwischen Tarot und Astrologie kann als eine höhere Ebene des Verstehens betrachtet werden, bei der beide Disziplinen ihr Augenmerk auf archetypische Muster und symbolische Komplexitäten legen. Diese Verbindung erweitert die Möglichkeiten der Einsichten drastisch. Während das Tarot intuitive Botschaften über gegenwärtige Umstände liefert, kann die Astrologie Hinweise auf zyklische Muster und Timing geben. Durch die Symbiose von Intuition mit beiden Herangehensweisen kann der Praktizierende tiefere Einsichten in die Vergangenheit, Gegenwart und zukünftige Möglichkeiten gewinnen.

Einer der am häufigsten missverstandenen Aspekte der Intuition in beiden Disziplinen ist, dass sie oft als nebulös und unzuverlässig betrachtet wird. Tatsächlich ist Intuition aber das Ergebnis tiefen Wissens und Verständnis, das sowohl aus dem Studium der Systeme als auch aus der Lebenserfahrung hervorgeht. Diese Kombination aus gelerntem Wissen und intuitivem Gefühl ist es, was die Deutung sowohl von Tarotkarten als auch von astrologischen Horoskopen so kraftvoll macht.

In beiden Künsten ist der Weg zur intuitiven Meisterschaft durch stetige Praxis gekennzeichnet. Neulinge in beiden Disziplinen sind eingeladen, eine Art Dialog mit ihrem inneren Selbst zu pflegen, ihre Träume und Visionen zu achten und regelmäßig Meditationspraktiken zu führen, um ihre intuitiven Fähigkeiten zu verbessern. Das Vertrauen in die eigene Intuition kann verstärkt werden durch das Führen eines Tagebuchs über Erkenntnisse und Wahrnehmungen, um mit der Zeit Muster zu erkennen.

Letztlich führt die ernsthafte Beschäftigung mit der Intuition in Tarot und Astrologie zu einem tiefen inneren Wachstum. In einer Welt, die oft zu sehr auf rationale Prozesse und analytische Problemlösungen fokussiert ist, bietet die Hinwendung zu intuitiven Praktiken einen wertvollen Gegenpol. Es ist dies der Raum, in dem Tarot und Astrologie sich vereinen und unser Verständnis erweitern – ermöglicht durch den Kanal der Intuition, der uns zu einer reicheren, erfüllteren Erfahrung unserer selbst und des Universums führt.

Historische und moderne Perspektiven auf die Synthese von Tarot und Astrologie

Die Synthese von Tarot und Astrologie ist eine faszinierende Entwicklung in der Welt der Okulten Wissenschaften, die auf Jahrhunderte alter Tradition aufbaut und in der modernen Praxis zunehmend an Bedeutung gewinnt. Die Geschichte dieser Synthese ist ebenso vielfältig wie die beiden Disziplinen selbst und bietet einen spannenden Einblick in die Entwicklung dieser hermetischen Wissenschaften.

Historisch gesehen lässt sich das Zusammenspiel zwischen Tarot und Astrologie bis ins späte Mittelalter zurückverfolgen, als sich Gelehrte um ein ganzheitliches Verständnis der Welt und des menschlichen Daseins bemühten. Die Ursprünge des Tarots werden häufig auf das Ende des 14. Jahrhunderts datiert, als Spielkarten aus dem Osten nach Europa gelangten. Erst im 18. Jahrhundert begann man, diesen Karten Wahrsagekräfte zuzuschreiben. Die Astrologie hingegen, die als älteste okkulte Wissenschaft gilt, hat ihre Wurzeln in babylonischer und hellenistischer Zeit und entwickelte sich parallel zu den großen Umbrüchen in Wissenschaft und Philosophie.

Die Verbindung zwischen den beiden Disziplinen wurde im Laufe der Geschichte von einer Vielzahl von Schulen und Praktikern gepflegt. Besonders der Einfluss der Hermetik und der kabbalistischen Lehren beeinflusste diese Entwicklung maßgeblich. Im 19. Jahrhundert war es vor allem die okkulte Bewegung der Tarotdeuter und Astrologen, die sich der Integration dieser beiden Systeme widmete. Eine Schlüsselrolle spielte dabei die berühmte französische Okkultistin Eliphas Levi, die Tarotkarten als symbolische Darstellungen der hebräischen Buchstaben und der kabbalistischen Lehre interpretierte. Er verband die Karten mit planetarischen und astrologischen Symbolen, wodurch er eine Brücke zwischen Tarot und Astrologie schlug.

In der modernen Perspektive bieten Tarot und Astrologie unvergleichliche Möglichkeiten zur Selbstreflexion und Persönlichkeitsentwicklung, die von einer Vielzahl von Praktikern und Autoren gefördert werden. Heute ist die Kombination dieser beiden Disziplinen nicht nur populär, sondern auch Gegenstand intensiver Forschung und Praxis unter spirituellen Beratern und in esoterischen Kreisen. In der Tat betrachten viele zeitgenössische Künstler und Autoren, wie etwa Rachel Pollack und Mary K. Greer, die Synthese von Tarot und Astrologie als Schlüssel zum Verständnis des persönlichen und kosmischen Potentials.

Ein modernes Beispiel für die Verschmelzung dieser Systeme zeigt sich in der Entwicklung des astrologischen Tarots, das jede Karte des Tarotdecks mit bestimmten planetarischen Einflüssen und astrologischen Prinzipien in Verbindung bringt. Diese Methode erlaubt es, die symbolische Sprache des Tarots mit der Präzision der Astrologie zu kombinieren, um tiefere Einsichten und persönliche Erleuchtungen zu erlangen.

Neuere Ansätze bemühen sich darum, die Komplexität und Tiefe dieser beiden Disziplinen voll auszuschöpfen, indem sie nicht nur historische und symbolische Hintergründe erkunden, sondern auch innovative Techniken zur praktischen Anwendung entwickeln. Dazu zählt auch die Integration astrologischer Transite in Tarotlegungen, die besondere Aufmerksamkeit von Forschern und Praktikern erfordert, um subtile Wechselwirkungen zwischen kosmischen Energien und symbolischen Darstellungen zu verstehen.

Zusammenfassend lässt sich sagen, dass die Synthese von Tarot und Astrologie sowohl in historischer als auch in moderner Perspektive eine bemerkenswerte Entwicklung darstellt. Obgleich beide Disziplinen ihre eigenständigen Wege beschritten haben, ermöglichen ihre Verbindungen eine vertiefte Betrachtung des menschlichen Bewusstseins und eine erweiterte Einsicht in das Universum. Dieses Zusammenspiel lädt Interessierte ein, sich aufs Neue mit den archetypischen Symbolen auseinanderzusetzen, die seit Jahrhunderten Weisheit und Erkenntnis bringen. So finden Tarot und Astrologie in gegenseitiger Ergänzung und Bereicherung ihren Platz in der esoterischen Praxis der Gegenwart.

Die symbolische Sprache der Tarotkarten verstehen

Ursprung und historische Entwicklung der Tarotkarten

Die Entstehung und Entwicklung der Tarotkarten ist in ein mystisches Gewebe aus Geschichte, Legenden und Kultur eingebettet. Die Tarotkarten, wie wir sie heute kennen, haben ihre Wurzeln in einer reichen, multikulturellen Tradition, die Jahrhunderte zurückreicht. Ursprünglich wurden diese Karten nicht zu Wahrsagezwecken entwickelt, sondern hatten primär einen spielerischen Charakter. Es ist von großer Bedeutung zu verstehen, wie sich der Tarot von einem achtlos verwendeten Kartenspiel zu einem bedeutungsschweren Instrument der Esoterik entwickelt hat.

Der genaue Ursprung der Tarotkarten ist weitgehend undokumentiert, aber es wird angenommen, dass sie erstmals in Europa im 14. oder 15. Jahrhundert auftauchten. Historiker beziehen sich oft auf die Tarot de Marseille, eine der ältesten Kartensammlungen dieses Typs, die aus der frühen Renaissance in Italien stammt. Diese frühen Karten wurden jedoch weniger zur Weissagung genutzt, sondern in Spielen wie dem italienischen Tarocchi eingesetzt. Der Name "Tarocchi" könnte etymologisch mit dem arabischen Begriff "tariqa", was "Weg" oder "Methode" bedeutet, in Verbindung stehen, wenngleich dies umstritten ist.

Eine populäre Theorie besagt, dass die ersten Vorlagen der Tarotkarten aus Ägypten importiert wurden, möglicherweise durch die Rückkehr der europäischer Kreuzfahrer, die im mittelalterlichen Nahen Osten stationiert waren. Die Ägypter galten als Meister der Symbolik und des Okkulten, was den Karten eine exotische und mysteriöse Aura verlieh. Die Legende besagt, dass die Tarotkarten das alte Wissen über die Überlieferungen der ägyptischen Priester hätten bewahren sollen (Cheung, 2006).

Im Laufe der Jahrhunderte fand eine Verschiebung in der Verwendung der Tarotkarten statt - von einem Mittel des Zeitvertreibs und gesellschaftlichen Spiels hin zu einem Werkzeug für Esoterik und Mystik. Dies geschah parallel zur zunehmenden Verbreitung literarischer Werke über okkulte Praktiken während der Aufklärung und der Renaissance, die eine zähe Verbindung zwischen Symbolik und Esoterik herstellten. Die Einführung der bildhaften Großen Arkana-Symbole selbst verweisen auf die reiche allegorische Bildsprache, die in dieser Zeit populär war.

Es war der französische Okkultist Antoine Court de Gébelin, der im 18. Jahrhundert in seinem Werk "Le Monde Primitif" eine Verbindung zwischen den Tarotkarten und der ägyptischen Mythologie herstellte. Zwar gibt es keine historische Grundlage für diese Behauptung, jedoch hat seine Interpretation maßgeblich dazu beigetragen, die Karten von einem bloßen Spiel zu einem vermeintlichen Schlüssel zum verborgenen Wissen zu transformieren. Sein Werk etablierte die Vorstellung von der Tarotdeutung als tiefgründiger psychologischer und spiritueller Prozess (Gébelin, 1781).

In der zweiten Hälfte des 19. Jahrhunderts erlebte das Tarot durch den Einfluss von Persönlichkeiten wie Éliphas Lévi und dem Hermetic Order of the Golden Dawn eine wahre Renaissance. Die Mitglieder des Golden Dawn kombinierten Tarot- sowie astrologische Prinzipien und die Kabbalah, um ein ganzheitliches esoterisches System zu schaffen, das weit über das bisher bekannte hinausging.

Besondere Erwähnung sollte hier der "Rider-Waite-Smith"-Tarot aus dem frühen 20. Jahrhundert finden, der in Bezug auf das Design und die Deutung viele der heutigen Tarotdecks beeinflusst hat. Arthur Edward Waite, ein Mitglied des Golden Dawn, arbeitete mit der Künstlerin Pamela Colman Smith zusammen, um das ikonische Kartenset zu entwerfen. Ihre Arbeit legte besonderen Wert auf die Symbolik und zugeschnittene Illustrationen nicht nur der Großen, sondern auch der Kleinen Arkana, was bis dahin einzigartig war.

Heutzutage sind Tarotkarten ein bedeutender Bestandteil des esoterischen Studiums und der spirituellen Praxis. Menschen auf der ganzen Welt verwenden Tarot nicht nur für das Eintauchen in die symbolische Bedeutung und die Vernetzung mit dem Unbewussten, sondern auch als Instrumente der Beratung, Selbsterkenntnis und persönlicher Weiterentwicklung.

Zusammengefasst ist die historische Entwicklung der Tarotkarten ein faszinierendes Beispiel dafür, wie ein kulturelles Artefakt sich im Laufe der Jahrhunderte wandeln und an Relevanz gewinnen kann, im Einklang mit den sich verändernden intellektuellen und spirituellen Rahmenbedingungen der menschlichen Zivilisation. Diese alte Symbolsprache bleibt lebendig und verklärt durch die sich stets wandelnden Interpretationsspielräume, die sie bietet.

Die Archetypen der Großen Arkana: Bedeutung und Symbolik

Die Großen Arkana des Tarot sind weit mehr als nur einfache Karten in einem Deck von 78 Karten; sie sind eine symbolisch tiefgründige Darstellung von grundlegenden Archetypen und universellen Themen, die seit Jahrhunderten in unterschiedlichen Kulturen von Bedeutung sind. Die 22 Karten der Großen Arkana erzählen die Geschichte des

Narren, der sich auf eine Reise der Erkenntnis und Transformation begibt, und stellen dabei die großen Lebenslektionen und spirituellen Erkenntnisse dar, die jeder von uns im Laufe seines Lebens erfährt.

Der Begriff „Archetyp" wurde erstmals von Carl Gustav Jung, dem bekannten Schweizer Psychologen und Begründer der analytischen Psychologie, in wissenschaftlichen Kontexten verwendet. Archetypen sind universelle, angeborene Modelle von Menschenverhalten und Grundlagen für Symbole, die in Träumen und Mythen auftreten (Jung, 1968).

Jede Karte der Großen Arkana symbolisiert spezifische Archetypen, die dem Betrachter Einsichten in persönliche und spirituelle Entwicklungsprozesse ermöglichen. Die Karten reichen dabei vom Narren, der die Unschuld und das Potenzial neuer Anfänge darstellt, bis zur Welt, die das Erreichen von Ganzheit und Verständnis repräsentiert. Jede Karte ist ein Schlüssel zu tiefen inneren Prozessen und verkörpert spezifische Themen wie Veränderung, Glauben, Hoffnung und Erneuerung.

Ein bedeutendes Beispiel ist die Karte „Der Narr". Sie wird oft als die erste Karte der Großen Arkana betrachtet, obwohl sie die Nummer 0 trägt. Der Narr symbolisiert Unschuld, Naivität und die Bereitschaft, ins Unbekannte aufzubrechen, getragen von einer kindlichen Neugier. Diese Karte ermutigt uns dazu, das Leben mit neuem Blick zu betrachten und zeigt an, dass ein neuer Zyklus beginnt. Der Archetyp des Narren findet sich in vielen Kulturen wieder, sei es der glückliche Wanderer im Märchen oder der unbeschwerte Abenteurer in Mythen und Erzählungen.

Ein weiterer zentraler Archetyp ist „Der Eremit". Mit seiner Laterne, die sowohl Licht als auch Wegweiser ist, symbolisiert er den Archetyp des spirituellen Suchers. Diese Karte steht für innere Weisheit, Selbstfindung und den Rückzug zur Kontemplation. Der Eremit ist der verborgene Weiser, der sich in die Einsamkeit zurückzieht, um Einsicht zu erlangen, die dann später an andere weitergegeben wird.

Die „Liebenden" verkörpern nicht nur romantische Vereinigung, sondern auch die duale Natur von Entscheidungen und moralischen Dilemmas auf unserer Reise zu uns selbst. Diese Karte reflektiert den Archetyp des Liebenden, aber auch die tiefere Bedeutung von Einheit, Harmonie und der Notwendigkeit, Herz über Verstand zu stellen, um wahre Erfüllung zu finden.

Von der „Gerechtigkeit", die ausgeglichene Entscheidungen und Fairness repräsentiert, bis hin zum „Turm", der plötzliche Umwälzungen und die Notwendigkeit bedeutender Veränderungen ankündigt, bietet jede Karte der Großen Arkana ein reichhaltiges Potenzial für persönliche Interpretationen. Jeder Archetyp ist mit einer Vielzahl an

Bedeutungen verbunden, die sich abhängig von der individuellen Lebenssituation und spirituellen Fragestellung entwickeln können.

Zusammen ergeben die Großen Arkana eine kraftvolle Darstellung des kosmischen und spirituellen Wandels. Ihre Archetypen sind Spiegel unseres inneren Selbst und gleichsam Wegweiser für tiefere Einsichten. Mag es um den dringend notwendigen Neuanfang gehen, die Suche nach innerem Frieden oder um die tiefgehende Transformation einer Lebensphase, die Symbolik der Großen Arkana bietet einen tiefgründigen Einstieg in die Selbsterkenntnis. Das Studium und die Anwendung dieser Archetypen im Tarot kann daher sowohl der Selbsterforschung dienen als auch als Werkzeug, um die dynamischen Prozesse und Herausforderungen des Lebens besser zu navigieren.

Die Zahlenmystik der Kleinen Arkana: Ein Einblick

In der Welt des Tarot ist die Zahlenmystik ein faszinierendes Gebiet, das tiefere Einblicke in die Kleinen Arkana bietet. Diese Karten, die die Anzüge von Stäben, Kelchen, Schwertern und Münzen umfassen, sind nicht nur mit Bildern geschmückt, sondern auch mit Zahlen versehen, die ihre eigene symbolische Bedeutung tragen. Die Zahlenmystik in den Kleinen Arkana dient als Schlüssel, um die grundlegenden Themen und Energien jeder Karte zu entschlüsseln. In diesem Unterkapitel werden wir die Bedeutung der

Zahlen Eins bis Zehn in den Kleinen Arkana untersuchen und wie diese Symbole zur Entschlüsselung tieferer Einsichten genutzt werden können.

Die **Eins** steht traditionell für Neuanfänge und Möglichkeiten. In den Kleinen Arkana symbolisiert sie oft den Beginn einer Reise oder eines neuen Kapitels. So repräsentiert der As der Stäbe z.B. die Anfänge der Inspiration und Kreativität, während der As der Kelche neue emotionale Anfänge oder Beziehungen andeutet. Die Zahl Eins trägt die Energie des Pioniergeists und des Potentials in sich.

Die **Zwei** symbolisiert Dualität, Balance und Partnerschaften. Sie lädt dazu ein, Gegensätze in Einklang zu bringen und die Notwendigkeit einer Entscheidung zu erkennen. In den Karten bedeutet sie eine Balance zwischen Gedanken (z.B. Zwei der Schwerter) oder die Harmonisierung von Emotionen (z.B. Zwei der Kelche).

Die **Drei** steht für Wachstum, Kreativität und Manifestation. Diese Zahl weist auf die Fähigkeit hin, aus der Dualität etwas Neues zu erschaffen. Die Dreier der verschiedenen Anzüge verkörpern Themen wie Teamarbeit (Drei der Münzen) oder freudige Anlässe und Kooperation (Drei der Kelche).

Mit der **Vier** gelangen wir zu Stabilität und Struktur. Diese Zahl ist geradezu ein Symbol für Ordnung und Begrenzungen, aber auch für Sicherheit. Die Vier der Stäbe z.B. betont das Prinzip der Sicherheit, während die Vier der Münzen oft mit Themen der Starrheit in Finanzen und Besitz assoziiert wird.

Die **Fünf** repräsentiert Veränderung und Herausforderungen. Diese Zahl fordert die Komfortzone heraus und kann Unruhe oder Konflikte symbolisieren. Die Fünf der Schwerter birgt Konflikt und Verlust, während die Fünf der Kelche den Schmerz des Verlusts und der Reue zeigt.

Die Bedeutung der **Sechs** ist harmonisch und ruft nach Fortschritt und Gemeinschaftsgefühl. Typischerweise stehen Sechser für Unterstützung und den Weg zu einer besseren Balance. Zum Beispiel zeigt die Sechs der Kelche Kindheitserinnerungen und Versöhnlichkeit, während die Sechs der Münzen den Fluss von Geben und Nehmen in Ressourcen symbolisiert.

Die **Sieben** hebt die Fakten der Introspektion und Herausforderungen hervor. Diese Zahl ist oft mit dem Bedürfnis nach innerer Reflexion verbunden, wie z.B. in der Sieben der Kelche, die Illusionen und Träume beschreibt. Die Sieben der Stäbe steht für die Verteidigung der eigenen Position.

Mit der **Acht** rückt das Thema der Macht und Bewegung in den Vordergrund. Diese Zahl ist oft mit den Themen Fortschritt und Schicksal verknüpft. Die Acht der Münzen verweist auf Geschick und Hingabe zur Verbesserung von Fertigkeiten.

Die **Neun** ist eine Zahl der Integration und Vollendung. Sie spricht von der Erkenntnis von Errungenschaften und oft von Einsamkeit oder Rückzug in der inneren Welt. Die Neun der Schwerter illustriert oft Ängste und Sorgen, während die Neun der Kelche Zufriedenheit und Erfüllung symbolisiert.

Abschließend steht die **Zehn** für den Gipfel eines Zyklus und die Vollkommenheit. Sie markiert den Endpunkt einer Reise, der gleichzeitig der Anfang einer neuen ist. In den Kleineren Arkana bedeutet dies häufig umfassende Erfüllung oder die letzte Herausforderung vor einer neuen Phase. Die Zehn der Münzen zeigt materiellen Reichtum und Familienharmonie, während die Zehn der Schwerter die Ultimativheit von Verlust und Endet zeigt.

Indem wir die Zahlenmystik der Kleinen Arkana verstehen, können wir die tiefgreifende symbolische Erzählung jeder Karte entschlüsseln und eine Brücke zu unseren persönlichen Erfahrungen schlagen. Die Kombination dieser Zahlen symbiotischen Bedeutung mit den Bild- und Themen der

Karten öffnet die Tür zu noch umfassenderen Deutungen und bietet einen reichen Schatz an Einsichten für jeden, der in die Tarotkarten eintaucht.

Die vier Elemente im Tarot: Feuer, Wasser, Luft und Erde

In einem tief fundierten Verständnis der Tarotkarten spielen die vier klassischen Elemente – Feuer, Wasser, Luft und Erde – eine zentrale Rolle. Diese Elemente, die aus der antiken Philosophie hervorgegangen sind, bieten eine universelle Symbolsprache, die die komplexen Bedeutungen und Energien der Tarotkarten zugänglich macht. Jedes Element verkörpert bestimmte Qualitäten und Einsichten, die sich durch die Karten der Kleinen Arkana hindurchziehen und einen Schlüssel zu ihrem Verständnis bilden.

Das Element Feuer ist das Symbol für Energie, Tatkraft und Leidenschaft. Es ist das Element der Transformation und steht für das innere Feuer, das den Antrieb für Wachstum und Veränderung liefert. In den Tarotkarten wird Feuer durch die Stäbe repräsentiert. Diese Karten reflektieren Stärke, Entschlossenheit und die Dynamik, die notwendig ist, um neue Projekte und Visionen zu verwirklichen. Die Stäbekarten entfalten ihre Kraft besonders in Kontexten, die mit kreativen Prozessen, Karriereentscheidungen und innerer Motivation zu tun haben. Sie regen dazu an, den Mut zu finden, um Risiken einzugehen und sich voller Energie auf Vorhaben einzulassen.

Im Gegensatz dazu steht Wasser, das Element der Emotionen, Intuition und Heilung. Wasser symbolisiert den Fluss des Lebens, der die unbewussten Tiefen unserer Seelenlandschaft berührt. Im Tarot sind die Kelche der Träger des Wasserelements und stehen für Herzensangelegenheiten, Beziehungen und emotionale Erfahrungen. Die Kelche spiegeln unsere Fähigkeit wider, mit anderen in tiefste Verbindung zu treten, Mitgefühl zu empfinden und Liebe zu geben und zu empfangen. Durch diese Karten lernen wir, unsere emotionale Intelligenz zu entwickeln und dem intuitiven Flüstern unserer inneren Stimme zu vertrauen.

Die Luft, das dritte Element, verkörpert die geistige Klarheit, das intellektuelle Streben und die Kommunikation. Luft steht im Tarot in Verbindung mit den Schwertern, die die mentale Ebene des Menschen berühren. Die Schwerter repräsentieren Herausforderungen, die Umdenken und Verstehen verlangen. Sie helfen, Entscheidungen zu treffen, und zwingen uns oft, unsere Perspektiven zu überdenken. Durch die Schwertkarten ergründen wir Konflikte und Schwierigkeiten und arbeiten daran, Lösungen zu erarbeiten, die auf Vernunft und Verständnis fußen. Die Schwerter lehren uns, analytisch zu denken und die Kraft der Worte zu erkennen.

Schließlich verankern wir uns im Element der Erde, das für Stabilität, Sicherheit und materielle Belange steht. Im Tarot

werden diese Konzepte durch die Münzen (auch als Pentakel bekannt) dargestellt. Die Münzenkarten betreffen die
physische Realität, Finanzen, Beruf und die konkrete Aus-
gestaltung des Lebens. Diese Karten ermutigen uns, auf unsere Ressourcen zu achten, um langfristige Ziele zu erreichen. Sie fordern eine bodenständige und praktische Annäherung an das Leben sowie eine Anerkennung der Schönheit und Erfüllung, die in einfachen, alltäglichen Momenten
liegen. Münzen erinnern uns an den Wert harter Arbeit und
an das Prinzip der Fülle und Belohnung durch Anstren-
gung.

Indem wir die vier Elemente und ihre Bedeutungen in den
Tarotkarten verstehen, können wir tiefere Einsichten in unser Leben gewinnen. Diese Archetypen wirken in einer be-
ständigen Balance miteinander, was uns ermöglicht, eine
ganzheitliche Sichtweise auf die Lebenszyklen und Herausforderungen zu entwickeln, mit denen wir konfrontiert
sind. Die Elemente helfen uns, unsere Stärken und Schwächen zu identifizieren und inspirieren uns, ein harmonisches Gleichgewicht in allen Aspekten unseres Daseins zu
schaffen.

Die Kunst des Tarots besteht darin, durch diese symbolische
Sprache Zugang zu unserem Unterbewusstsein zu finden.
Wie der bekannte Psychologe Carl Jung betonte: „Symbole
sind die Sprache der Seele." (Jung, Carl. _Die Archetypen
und das kollektive Unbewusste_). Dieses Verständnis der
Elemente bietet uns die Grundlage, um mit den Herausforderungen des Lebens sowohl pragmatisch als auch

spirituell umzugehen und schließlich unser höchstes Potenzial zu erreichen.

Die Rolle der Farben und ihre Bedeutungen im Tarot

Die Tarotkarten sind ein faszinierendes System der Symbolik und der verborgenen Bedeutungen. Eine ihrer eindrucksvollsten Dimensionen ist die Rolle, die Farben in den Abbildungen der Karten spielen. Farben haben in der künstlerischen Darstellung eine tief verwurzelte Bedeutung, die weit über ihre visuelle Repräsentation hinausgeht. Sie sind ein Schlüssel zu den Gefühlen, Atmosphären und Stimmungen, die eine Karte vermittelt, und bieten dem Betrachter tiefe Einsichten, wenn sie richtig interpretiert werden.

Im Tarot sind Farben nicht nur dekorativ, sondern auch bedeutungsvoll und voller symbolischer Resonanz. Jede Farbe hat spezifische Eigenschaften und Bedeutungen, die tief in kulturellen und psychologischen Archetypen verwurzelt sind. Diese Bedeutungen können sich je nach Kontext ändern, aber sie bieten stets wertvolle Einsichten, die in die Deutung einer Karte einfließen können.

Rot: Diese Farbe ist oft mit starken Emotionen wie Leidenschaft, Wut, Mut und Energie verbunden. Im Tarot symbolisiert Rot sowohl die leidenschaftliche Suche nach Erfüllung als auch die Aufforderung zu Handlung und Veränderung. Ein Beispiel hierfür ist die Karte des "Ritter der Stäbe", die mit Energie und Tatendrang aufgeladen ist.

Blau: Blau vermittelt Ruhe, Frieden und Spiritualität. In der Tarot-Symbolik steht diese Farbe oft für Wahrheit, Einsicht und Intuition. Karten, die von Blau dominiert sind, wie Das Sternenhimmel, betonen die Bedeutung von innerem Frieden und die Verbindung zum kollektiven Unbewussten. Sie erinnern den Betrachter daran, auf die innere Stimme zu hören und intuitiv zu handeln.

Gelb: Diese lebhafte Farbe steht für Intellekt, Energie und Freude. Gelb im Tarot symbolisiert oft Inspiration, Klärung und die Vernunft. Der Einsatz von Gelb auf Karten wie Die Sonne hebt optimistische Aspekte hervor und ermutigt dazu, einen kühlen Kopf zu bewahren und klar zu denken.

Grün: Die Farbe der Natur und des Wachstums steht für Heilung, Wohlstand und Harmonie. Grün deutet auf den Prozess der Erneuerung und das Aufblühen hin, sei es im materiellen oder im spirituellen Bereich. Karten wie Der Bube der Münzen verdeutlichen Bestrebungen nach materiellem und persönlichem Wachstum, oft in einem schöpferischen oder genüsslichen Sinn.

Schwarz: Diese Farbe wird oft als symbolisch für das Unbekannte, das Verborgene und das Potenzial für Veränderung sowie Endgültigkeit interpretiert. Im Tarot zeigt Schwarz häufig Trauer, Geheimnisse oder tiefe Transformation an, wie zum Beispiel im Tod. Es ermutigt uns, uns den dunkleren Aspekten des Lebens zu stellen und daraus zu lernen.

Weiß: Weiß steht traditionell für Reinheit, Vollkommenheit und Wahrheit. Diese Farbe ist im Tarot oft ein Hinweis auf Reinigung und Neuanfänge. In der Karte Der Narr, der für neue Abenteuer und unbefleckte Neuanfänge steht, symbolisiert Weiß die unschuldige, offene Haltung gegenüber dem Leben.

Die Macht der Farben im Tarot ist immens und sollte keinesfalls unterschätzt werden. Bei einer Deutung auf die Farbsymbolik zu achten, kann den entscheidenden Unterschied in der Tiefe und Genauigkeit der Interpretation ausmachen. Es erfordert ein feines Gespür und Verständnis sowohl für die symbolische Dimension jeder Farbe als auch für den kulturellen Kontext, in dem sie interpretiert wird.

Wie der Gelehrte Carl G. Jung betonte: „Symbole sind der natürlichen Sprache der Seele." In dieser Hinsicht eröffnen die Farben des Tarot tiefgründige Ebenen des Verständnisses und ermöglichen es uns, emotionale und psychologische Schichten zu erkunden, die ohne diese farbliche Verbindung vielleicht verborgen geblieben wären. Indem man die Farbpsychologie in die Tarotdeutung einbezieht, erhält man nicht nur einen Schlüssel zu den verborgenen Schichten der symbolischen Sprache, sondern auch zu einem tieferen Selbstverständnis und Einblick.

Symbole und ihre Interpretation: Eine visuelle Sprache

Die Welt der Tarotkarten ist eine faszinierende und komplexe Mischung aus Symbolen, die wie ein facettenreiches Mosaik Einsichten in die menschliche Psyche sowie das Universum selbst ermöglichen. Diese Symbole stammen aus einer Vielzahl von kulturellen und historischen Kontexten, was ihre Deutung sowohl herausfordernd als auch lohnend macht.

Jede Tarotkarte ist ein kleines Kunstwerk, das eine Fülle von Bildern und Metaphern birgt. Diese Symbole sind nicht bloß dekorative Elemente; sie sind fundamental für die Bedeutung jeder Karte. Carl Gustav Jung, der Begründer der Analytischen Psychologie, nahm an, dass solche Bilder Archetypen darstellen, die "Urbilder der kollektiven psychischen Grundstruktur" sind. Diese Archetypen spiegeln universelle Erfahrungen und sind in der Symbolsprache des Tarot tief verwurzelt.

Um ein Tarot-Symbol zu interpretieren, muss man verstehen, dass jedes Symbol mehrschichtige Bedeutungen tragen kann. Zum Beispiel steht der Löwe im Tarot, wie auch in vielen anderen Bereichen, für Mut und Stärke, doch kann er auch Stolz und Herrschertum symbolisieren. In der Abbildung auf der Karte „Die Stärke" verkörpert er die Fähigkeit zur friedlichen Bewältigung von Herausforderungen, indem er innere Disziplin hervorhebt.

Ein weiteres zentrales Symbol ist der Kelch, der häufig in der Suite der Kelche in den kleinen Arkana vorkommt. Dieser Kelch steht oft für Gefühle, Beziehungen und Spiritualität und kann je nach Kontext als Zeichen für Liebe oder auch für emotionale Fülle und Wohlstand gelesen werden.

Die Sprache der Symbole im Tarot ist auch stark von den vier Elementen beeinflusst: Feuer, Wasser, Luft und Erde. Diese Elemente sind nicht nur im Tarot verankert, sondern finden auch in astrologischen Prinzipien Anwendung. Sie verleihen den Karten vielschichtige Bedeutungen, die sich aus den Eigenschaften der Elemente ableiten lassen. So ist das Schwert ein Symbol der Luft, das die Kraft des Geistes, der Kommunikation und der Intellektualität darstellt.

Die Rolle der Symbole im Tarot wird durch kulturübergreifende Einflüsse noch vertieft. Ein Beispiel hierfür ist die Verwendung von Sonnen- und Mondsymbolen. Die Sonne symbolisiert oft Erfolg, Klarheit und das Streben nach Erleuchtung, während der Mond für Intuition, Träume und das Unbewusste steht. Diese beiden Symbole führen den

Deuter zu einem tieferen Verständnis für die dualen Aspekte der Menschheit und das Bewusstsein.

Ein weiteres bemerkenswertes Element beim Studium der Tarot-Symbole ist die Rolle der Tiere. Jede Kultur hat ihre eigenen mythologischen und symbolischen Bedeutungen für Tiere entwickelt. Die Eule, ein Symbol für Weisheit und Wissen, erscheint in einigen Tarotdecks als Begleiter des Eremiten und verstärkt die Interpretation dieser Karte als Streben nach innerer Weisheit und Einsicht.

Um die Tarotkarten effektiv zu deuten, ist es notwendig, sowohl die historischen Ursprünge der Symbole als auch die Gefühle und Intuitionen des einzelnen Lesers zu berücksichtigen. Die Kunst der Symbolinterpretation im Tarot erfordert nicht nur ein intellektuelles Verständnis, sondern auch eine emotionale Resonanz und Sensibilität für subtile Energien.

Zusammenfassend lässt sich sagen, dass das Erlernen der symbolischen Sprache des Tarot den Schlüssel zu einer reicheren und magischeren Lebenserfahrung bereitstellt. Es ist eine Einladung, die Tiefen des Unbewussten zu erkunden und die versteckten Bedeutungen zu entschlüsseln, die unser tägliches Leben durchweben. Denn in den Symbolen des Tarots spiegelt sich die Vielfalt des menschlichen Seins wider und bietet uns Werkzeuge, um unsere innere und äußere Welt zu enthüllen und zu verstehen.

Tarotkarten als Spiegel des Unbewussten

Die Tarotkarten entfalten eine geheimnisvolle Sprache, die tief in die Psyche der Menschen eintaucht und als Spiegel des Unbewussten fungiert. Dieses Konzept basiert auf der Annahme, dass die Karten nicht bloße Zufallsbilder zeigen, sondern archetypische Symbole, die tief in unserer kollektiven und persönlichen Seele verankert sind. C.G. Jung, der berühmte Psychologe und Begründer der Analytischen Psychologie, hat ähnliche Konzepte entwickelt, indem er die Archetypen als universelle, symbolische Bilder verstand, die im kollektiven Unbewussten vorhanden sind. Tarotkarten sprechen in dieser Sprache, indem sie universelle Themen, Ängste, Hoffnungen und Träume widerspiegeln.

Die symbolischen Bilder auf den Tarotkarten sind mehr als nur illustrierte Szenen; sie sind reich an Bedeutungen und dienen als Katalysatoren für tiefere psychologische Prozesse. Jeder Charakter, jede Szene und jedes Symbol hat das Potenzial, verborgene Aspekte unserer Persönlichkeit ins Licht zu rücken. So betrachtet, sind Tarotkarten nicht nur Instrumente zur Vorhersage oder Prophetie, sondern Werkzeuge zur Selbstreflexion und zu einem tieferen Verständnis der eigenen Psyche. Sie offenbaren das, was oft im Verborgenen liegt, und bieten eine Plattform für inneres Wachstum.

Eine Tarotkarte lesen heißt, sich auf eine Reise in das eigene Innere einzulassen. Dabei ist die Eigenschaft der Karten, als Spiegel des Unbewussten zu wirken, besonders wertvoll. In der kartierten Welt der Symbole kann das Unterbewusstsein mit dem Bewusstsein kommunizieren, oft Aspekte enthüllend, die im täglichen Leben außerhalb des Blickfelds liegen. Diese Interaktion mit dem Unbewussten bringt psychische Prozesse in Gang, die zu einem besseren Verständnis der inneren Konflikte und Motivationen führen können.

Der Prozess der Interpretation einer Tarot-Legung kann als Dialog zwischen den Schichten des bewussten und unbewussten Verstands gesehen werden. Während der Deutung einer Karte oder einer Kartenkombination wird die intuitive Fähigkeit des Lesers aktiviert, um auf nonverbaler Ebene Einsichten zu gewinnen. Diese Einsichten können sich in Form von Eindrücken, Erinnerungen oder Emotionen manifestieren, die unerwartet ans Licht kommen. Laut Jung "werden die Symbole, die aus dieser unerforschten Tiefe emporsteigen, ihrer Natur gemäß als äußere, objektive Erscheinungen behandelt, da der Mensch nicht weiß, wie er sie sonst behandeln soll." (C.G. Jung, *Über die Psychologie des Unbewussten*).

Der Wert der Tarotkarten liegt in ihrer Fähigkeit, dem Ratsuchenden zu helfen, sich mit seinen innersten Gedanken und Gefühlen auseinanderzusetzen. Es sind diese inneren Dialoge und Reflexionen, die echte Veränderung und Wachstum hervorbringen können. Durch die

Auseinandersetzung mit den Karten wird das Unbewusste entlarvt, und der Ratsuchende kann beginnen, die Symbole zu deuten, die für persönliche Herausforderungen, Erfolge oder Fragen des Lebens stehen. Ein intensives Studium und eine sensible Anwendung der Tarotkarten können somit als therapeutisches Werkzeug dienen, um individuelle innere Blockaden zu lösen und Wege für persönliches Wachstum zu eröffnen.

Darüber hinaus sind bestimmte Tarotkarten, wie der 'Narr', der 'Eremit' oder die 'Gerechtigkeit', mit spezifischen archetypischen Rollen und Lebenswegen verknüpft, die im Unbewussten jedes Menschen widerhallen. Diese archetypischen Bilder haben die Möglichkeit, tieferliegende Bedeutungen ans Licht zu bringen und den Leser oder Fragenden dabei zu unterstützen, die eigene Lebensreise aus einer neuen Perspektive zu betrachten. "Die Anpassung des individuellen Unbewussten an das kollektive Unbewusste ist ein ständiger Prozess, dessen Symbole im Tarot exemplarisch ausgedrückt werden." (S.R. Kaplan, *The Tarot as a Way of Life*).

Zusammenfassend lässt sich sagen, dass Tarotkarten kraftvolle Werkzeuge sind, um in die verborgenen Schichten der Psyche einzutauchen. Sie ermöglichen die Reflexion unserer inneren Emotionen und Gedankenlandschaften und fördern so das tiefe Verständnis unseres Selbst und unserer Position im Kosmos. Die Kunst, Tarotkarten als Spiegel des

Unbewussten zu nutzen, eröffnet unerwartete Einsichten und unterstützt das Streben nach Selbstfindung und Transformation auf einer zutiefst persönlichen Ebene.

Die Bedeutung der Kartenpositionen in Tarotlegungen

Die Positionen der Karten in einer Tarotlegung spielen eine entscheidende Rolle für die Interpretation der Karten und das intuitive Erfassen der zugrundeliegenden Botschaften. Während jede einzelne Karte eine eigene Bedeutung und eine Vielzahl von symbolischen Interpretationsmöglichkeiten hat, geben die spezifischen Positionen in der Tarotlegung dem Kartenbild eine strukturierte Form und eine tiefere Dimension. Es ist, als würde man ein Mosaik oder ein komplexes Bild betrachten, bei dem jedes Element notwendig ist, um das gesamte Kunstwerk zu verstehen.

In der Welt des Tarot gibt es unzählige Legemuster, jedes mit seiner eigenen Struktur und seinem eigenen Zweck. Einige Muster, wie das keltische Kreuz, sind äußerst verbreitet und historisch etabliert, während andere, individuellere Legesysteme von Tarotpraktizierenden entwickelt wurden, um spezifische Fragen oder Situationen zu erkunden. Gemeinsam haben sie jedoch, dass sie auf der Kraft der Positionen basieren, die jeder Karte innerhalb des Musters ihren einzigartigen Platz zuweisen.

Zum Beispiel kann eine Karte, die die gegenwärtige Situation repräsentiert, eine völlig andere Bedeutung annehmen, wenn sie sich auf der Position „Herausforderung" anstatt auf der Position „Unterbewusstes" befindet. Diese Dynamik der Bedeutungsverschiebung ist zentral für das Tarot und verleiht ihm seine Fähigkeit, sowohl detailreiche als auch facettenreiche Einsichten zu liefern.

Kartenpositionen werden mit einem spezifischen Konzept oder einer speziellen Facette einer Frage in Verbindung gebracht. Nehmen wir eine Dreikartenlegung als weiteres Beispiel: Die erste Karte stellt oft die Vergangenheit und die zugrunde liegenden Einflüsse dar, die unser gegenwärtiges Anliegen formen. Die zweite Karte stellt die gegenwärtigen Energien dar und zeigt, was jetzt vor sich geht, während die dritte Karte einen möglichen zukünftigen Ausgang oder die Entwicklung zeigt. Diese lineare Anordnung hilft dabei, die Entwicklung von Situationen und Energien klar zu erfassen.

Zudem erlauben die Kartenpositionen eine tiefere Auseinandersetzung mit dem Fragenden selbst. In vielen Legemustern gibt es Positionen, die sich explizit mit dem inneren Zustand des Fragenden befassen, wie Selbsteinschätzung, Hoffnungen und Ängste oder das Unbewusste. Diese Positionen sind von essentieller Bedeutung, da sie die introspektive Natur des Tarot fördern und den Fragenden zur Selbstreflexion anregen.

Weitere facettenreiche Legemuster wie das „Hufeisen" oder das „Keltische Kreuz" erweitern die Dimensionen der Deutung mit Positionen, die komplexere Themen abdecken. Das keltische Kreuz, zum Beispiel, bietet Positionen, die sowohl innere als auch äußere Einflüsse beleuchten und eine ganzheitliche Betrachtung der Situation ermöglichen. Solche Muster unterstützen dabei, die Wechselwirkung von inneren Wahrnehmungen und äußeren Ereignissen zu verstehen und somit das Bewusstsein des Fragenden zu erweitern.

Die Kunst der Kartenlegung erfordert sowohl strukturelles Wissen über die Bedeutung der Positionen als auch ein gewisses Maß an intuitiver Interpretation. Es ist dabei entscheidend, den Einfluss der Kartenpositionen nicht isoliert zu betrachten, sondern immer im Kontext der Gesamtlegung und der Frage des Fragenden zu sehen.

Ein fortgeschrittener Aspekt der Deutung liegt in der Berücksichtigung der „Dignitäten", die sich aus der Beziehung zwischen verschiedenen Karten und ihrer Position ableiten. Eine Karte, die zum Beispiel traditionell positiv interpretiert wird, kann in einer konfliktgeladenen Position deutlich negativer erscheinen. Umgekehrt kann eine herausfordernde Karte auf einer unterstützenden Position unerwartet besänftigend wirken.

Abschließend zeigt sich, dass die Kartenpositionen in Tarotlegungen nicht bloß als statische Plätze zu verstehen sind, sondern vielmehr als dynamische Elemente, die es ermöglichen, die Vielschichtigkeit unseres Lebens und unserer Fragen zu erkunden. Indem man sowohl die Position als auch die individuelle Kartenbedeutung versteht, öffnet sich das Tarot als Werkzeug für tiefere Einsichten und persönliches Wachstum. Diese Kunstfertigkeit ist es, die dem Tarot seine fortwährende Faszination und Macht verleiht.

Intuition und Interpretation: Den persönlichen Zugang zum Tarot finden

Die Reise in die Welt des Tarot ist sowohl eine Entdeckung äußerer Symbole als auch eine tief persönliche Erkundung der inneren Landschaft. Intuition und Interpretation sind zentrale Werkzeuge, um einen persönlichen Zugang zum Tarot zu finden und die Karten nicht nur als äußere Objekte, sondern als Spiegel des eigenen inneren Dialogs zu nutzen. Albert Einstein sagte einmal: "Die intuitive Erkenntnis ist ein heiliges Geschenk und der rationale Verstand ein treuer Diener." Diese Aussage findet im Tarot besondere Bedeutung, denn die Kunst der Karteninterpretation geht weit über das rationale Verständnis hinaus.

Intuition, das Vermögen, ohne bewusste Überlegung zu verstehen oder zu wissen, wird oft als der Herzschlag einer erfolgreichen Tarot-Praxis angesehen. Während Bücher und

Leitfäden grundlegende Bedeutungen und Symbole jedes Kartendecks erläutern, liegt die eigentliche Meisterschaft im Erkennen der subtilen Beziehungen zwischen den Karten und den persönlichen Energien des Fragestellers. Intuition fungiert dabei als eine Brücke zwischen erlerntem Wissen und persönlicher Weisheit. Um diese Fähigkeit zu fördern, ist es ratsam, regelmäßig Meditationspraktiken einzubeziehen, die das Bewusstsein erweitern, sowie Übungen in Achtsamkeit, die das Erspüren der momentanen Energien schulen.

Eine tiefere Ebene des Verständnisses entsteht durch die Interpretation der Karten, die sowohl individuelle Erfahrungen als auch kollektives Wissen widerspiegelt. Die Herausforderung besteht darin, persönliche Erfahrungen, Emotionen und Vorurteile von den universellen Bedeutungen zu trennen. Ein integrativer Ansatz, bei dem intellektuelles Verständnis und intuitive Einsichten kombiniert werden, liefert oft die aufschlussreichsten Ergebnisse. Der Tarot-Experte Mary K. Greer beschreibt diesen Prozess als eine „Interaktion mit dem Unbekannten", die es dem Leser erlaubt, neue Bedeutungen zu interpretieren und zu integrieren, die sowohl für den Leser als auch für den Fragesteller relevant sind (Greer, Mary K. "Tarot for Your Self: A Workbook for Personal Transformation", 1984).

Ein kritischer Aspekt, der die persönliche Bindung zu den Karten verstärkt, ist die Entwicklung eines individuellen Legesystems. Während es zahlreiche traditionelle Legesysteme gibt, die auf den Archetypen der Großen Arkana und der Struktur der Kleinen Arkana beruhen, eröffnet das Erstellen persönlicher Muster neue Dimensionen der Einsicht. Diese einzigartige Praxis erlaubt es dem Anwender, ein kraftvolles Werkzeug zu erschaffen, das auf die spezifischen Bedürfnisse und Themen seines Lebens abgestimmt ist. Die Entwicklung eines persönlichen Systems kann zunächst herausfordernd erscheinen, doch in der Auseinandersetzung mit den Karten und eigenen Fragen entstehen neue, bedeutungsvollere Muster.

Innerhalb dieser persönlichen Interpretation sind auch die symbolischen Elemente des Tarots von Bedeutung. Ein tieferes Verständnis dieser Symbole, die im Kontext des Fragestellers betrachtet werden, ermöglicht eine nuanciertere Deutung. Die Farbe einer Karte kann beispielsweise Energie und Stimmung beeinflussen und auf verborgene Aspekte hinweisen, die der Fragesteller möglicherweise nicht verbalisiert. Tarot-Meisterin Rachel Pollack hebt hervor: "Das Tarot spricht zu uns in der Sprache der Bilder und Symbole, die oft jenseits der Reichweite der gesprochenen Worte liegt" (Pollack, Rachel. "78 Degrees of Wisdom: A Book of Tarot", 1980).

Zusätzlich ist der Aspekt der Reflexion von großer Bedeutung. Nach einer Lesung gewährt das Innehalten und Nachdenken über die erhaltenen Einsichten die Möglichkeit, die Beziehung zu den Karten weiter zu festigen. Dies ergänzt den intuitiven Prozess um praktische

Umsetzungsstrategien und bietet Raum für die Integration der gewonnenen Einsichten in das tägliche Leben. Tagebücher oder Aufzeichnungen können eine wertvolle Ressource sein, um den Fortschritt zu analysieren und kontinuierlich zu verfeinern.

Die Integration von Intuition und Interpretation im Tarot ist keine statische Fähigkeit, sondern ein wachsender Prozess. Wie eine Pflanze, die genährt und gepflegt werden muss, verlangt auch der Umgang mit dem Tarot Hingabe und kontinuierliche Weiterentwicklung. Diese Reise ermöglicht es, nicht nur einen tiefergehenden Connection zu den Karten zu entwickeln, sondern auch sich selbst in neuem Licht zu sehen und damit persönliches Wachstum zu fördern. Indem man lernt, auf die innere Stimme zu hören und die Symbolik der Karten im Kontext des eigenen Lebens zu deuten, öffnet sich das Tor zu einem größeren Verständnis der eigenen Existenz und der Kräfte, die das Universum bestimmen.

Der Einfluss der Mondphasen auf die Deutung von Tarotkarten

Die faszinierende Verbindung zwischen Tarotkarten und den Phasen des Mondes eröffnet eine tiefgehende Dimension in der Kunst der Deutung. Mondphasen sind seit jeher bekannt für ihren Einfluss auf das menschliche Bewusstsein und Emotionen, und dieser Einfluss spiegelt sich deutlich in der Welt der symbolischen Sprache des Tarots wider. Die Zyklen des Mondes – Neumond, zunehmende Mondsichel, Vollmond und abnehmender Mond – korrespondieren mit verschiedenen energetischen Zuständen, die die Interpretation von Tarotkarten wesentlich bereichern können.

Zu Beginn einer Mondphase, dem Neumond, herrscht eine Atmosphäre des Neuanfangs. In der Tarotdeutung ist diese Zeit ideal für die Aktivierung neuer Energien und das Setzen von Intentionen. Beispielsweise könnte der Narr in den Großen Arkanen während des Neumonds für ein unerschrockenes Beginnen stehen, das mit Optimismus und Unbefangenheit einhergeht. Die Karten, die während des Neumonds gezogen werden, könnten Botschaften enthalten, die Neuanfänge oder frische Perspektiven reflektieren und eine Gelegenheit bieten, neue Projekte mit kreativer Energie zu starten.

Während der zunehmenden Mondsichel verstärkt sich der Energiefluss, was eine Zeit des Wachstums und der Entwicklung kennzeichnet. Die Karten, die in dieser Phase gezogen werden, können häufig Hinweise auf Fortschritte und den Ausbau von bereits angegangenen Vorhaben enthalten. Die Drei der Münzen könnte etwa einen Prozess des Lernens und des Aufbauens symbolisieren, in dem Fähigkeiten geschult und verfeinert werden. In dieser Phase sind Tarotlesungen dazu geeignet, Strategien zu planen und Unterstützung für konkrete Schritte zu erhalten.

Der Vollmond bringt eine Periode der Vollendung und Enthüllung. Oft spricht er zu den tiefsten Emotionen und dem Unterbewusstsein. Dies ist die Phase, in der Energien zur vollen Reife gelangen, und die Tarotkarten spiegeln dies wider, indem sie Prozesse der Klärung und Reinigung betonen. Eine Karte wie das Gericht könnte während eines Vollmonds eine transformative Energie herbeirufen, die Orientierung und eine tiefere Einsicht in komplexe Fragestellungen bietet.

Wenn der Mond abnimmt, betont diese Phase Loslassen und Reflexion. Dies ist die Zeit, Bilanz zu ziehen, das Unterbewusste zu erforschen und sich von überholten Strukturen zu trennen. Die Tarotdeutung in der abnehmenden Mondphase könnte Karten hervorbringen, die auf innere Arbeit und Regeneration hinweisen wie der Eremit, der zur Selbstbeobachtung und Introspektion einlädt.

Der Mond hat keine eigene Lichtquelle, sondern reflektiert das Sonnenlicht, was symbolisch für die Spiegelung der inneren Welt im Außen steht. Der Dichter Johann Wolfgang von Goethe schrieb: „Der Mond, der ist gewaltig schön, er malt die Welt mit Silber Licht" – ein Bild, das die transformative Kraft, die der Mond in metaphysischer Hinsicht ausübt, poetisch unterstreicht.

Zudem können Mondphasen die emotionale Färbung bei der Deutung verstärken. Die Verbindung zur

Wasserelement-Symbolik des Tarots, das untrennbar mit Emotionen verbunden ist, kann in bestimmten Legesystemen die Interpretationsfähigkeit der Karten erhöhen. Insbesondere in Kombination mit den Kelchen, die das Element Wasser im Tarot repräsentieren, wird der Mond zu einem katalysierenden Faktor, der tiefere Ebenen der Intuition anspricht.

In einer synchronisierten Lesung kann die Einbeziehung der Mondphasen eine reiche Erzählung bieten, die sowohl das kollektive Unterbewusstsein als auch persönliche Themen beleuchtet. Tarot-Lesungen während bestimmter Mondzyklen können Einsicht in zyklische Routinen des Lebens geben und deren Einfluss auf individuelle Entscheidungsprozesse verdeutlichen. Folglich eröffnet das Bewusstsein für die Mondphasen eine dynamische Ergänzung zur Kunst der kosmischen Deutung, die sowohl die Pragmatik als auch die Mystik vereint, für die sich Esoterik-Interessierte begeistern. Jedes Kartenbild wird zu einer Reflexion, die weit über die oberflächliche Darstellung hinausgeht, hinein in die tiefen Strömungen der psychischen und spirituellen Realität.

Astrologische Grundlagen: Sternzeichen, Planeten und Häuser

Einführung in die Astrologie: Ein Überblick

Die Astrologie, oft als „die älteste Wissenschaft" bezeichnet, bietet uns einen faszinierenden Blick auf das Wechselspiel zwischen kosmischen Bewegungen und menschlichem Leben. Ihre Ursprünge reichen viele Jahrtausende zurück, wobei den Himmelskörpern seit jeher Einfluss und Bedeutung zugeschrieben werden. Diese uralte Praxis hat Generationen überdauert und findet auch in unserer modernen Welt großen Anklang, insbesondere in der Suche nach Selbstverständnis und Orientierung.

Zentral in der Astrologie ist die Idee, dass die Positionen der Planeten im Augenblick unserer Geburt uns wertvolle Informationen über unsere Persönlichkeit, Potenziale und Herausforderungen geben können. Der Kern dieses Systems bildet der Tierkreis oder Zodiak, der aus zwölf Sternzeichen besteht. Diese Zeichen repräsentieren nicht nur die Konstellationen, die die Sonne auf ihrer jährlichen Reise durch den Himmel passiert, sondern auch archetypische Energien und Charakterzüge.

Ein grundlegendes Verständnis der Sternzeichen ist notwendig, um tief in die Materie der Astrologie einzutauchen. Jedes Zeichen besitzt einzigartige Attribute, die sich in Persönlichkeitseigenschaften und Lebensansichten der Individuen widerspiegeln, die unter ihnen geboren werden. Von der feurigen Entschlossenheit eines Widders bis zur feinfühligen Intuition eines Fisches bietet jedes Zeichen seine eigenen Schattierungen und Perspektiven, die das komplexe Kaleidoskop menschlichen Verhaltens bereichern.

Neben den Sternzeichen spielen die Planeten eine zentrale Rolle in der Astrologie. Sie sind die Hauptakteure auf der kosmischen Bühne, deren Standort in den Zeichen und Häusern des Horoskops Aufschluss über unsere geistigen Prozesse, Energien und Lebensbereiche geben kann. Die Sonne, der Mond und die aufgezeichneten Planeten unseres Sonnensystems repräsentieren unterschiedliche Aspekte unseres Wesens und unserer Lebensplanung.

Doch die Astrologie beschränkt sich nicht auf die Analyse individueller Elemente. Eines ihrer mächtigsten Werkzeuge ist das Konzept der Häuser, die die unterschiedlichen Lebensbereiche reflektieren. Jedes der zwölf Häuser symbolisiert spezifische Erfahrungen und Teile unseres Daseins – von Beziehungen und Beruf bis zu Kreativität und Transformation. Die Position der Planeten in diesen Häusern kann ein detailliertes Bild davon zeichnen, wo wir am meisten lernen und uns entwickeln können.

Diese kosmische Sprache wird durch ein weiteres Prinzip ergänzt: die Aspekte. Sie entstehen durch die Winkel, die die Planeten zueinander einnehmen, und beeinflussen damit, ob ihre Energien harmonisch oder herausfordernd wirken. Das Verständnis und die Interpretation dieser Aspekte erlauben tiefere Einblicke in die Dynamik innerer Konflikte und Synergien.

Einer der faszinierendsten Aspekte der Astrologie ist ihre Fähigkeit, gleichzeitig Teil einer persönlichen Erkundungsreise und eines kollektiven Mythos zu sein. Während sie uns die Möglichkeit gibt, uns selbst und andere besser zu verstehen, verbindet sie uns auch mit einem größeren, zeitlosen Muster, das seit Anbeginn der Menschheit existiert. Die Astrologie bietet dadurch nicht nur individuelle Einsichten, sondern auch eine Brücke zu kosmischem Wissen und Weisheit. Die aufschlussreiche Verbindung zwischen Tarot und Astrologie eröffnet eine neue Dimension der Selbsterkenntnis und eines vertieften Verständnisses des Universums.

In Anlehnung an die esoterische Lehre bietet die Astrologie somit einen ganzheitlichen Ansatz, um inneres Wachstum zu erschließen und die komplexen Zusammenhänge unserer Existenz zu ergründen. Sie hilft uns zu erkennen, wie tief wir mit dem kosmischen Rhythmus verbunden sind, und lädt uns ein, eine aktive Rolle in der Reise unseres Lebens zu übernehmen, inspiriert durch die Sterne und die tiefere Wahrheit, die sie enthüllen.

Die zwölf Tierkreiszeichen: Charakteristika und Bedeutung

Die zwölf Tierkreiszeichen stellen das Fundament der Astrologie dar und bieten Einblicke in die komplexen Charakteristika und Eigenschaften des menschlichen Wesens. Jedes Zeichen ist einzigartig und spiegelt die tiefen archetypischen Kräfte wider, die unsere Persönlichkeit, Vorlieben und Abneigungen formen. Von der dynamischen Energie des Widders bis zur mystischen Tiefe der Fische, offenbart jedes Tierkreiszeichen seine eigene Geschichte und Bedeutung.

Widder (21. März - 19. April): Der Widder ist das erste Zeichen des Tierkreises und wird als Pionier des astrologischen Zyklus betrachtet. Unter der Schirmherrschaft des Planeten Mars bringt der Widder eine natürliche Leidenschaft und Impulsivität mit. Die Widder-Geborenen sind bekannt für ihren Mut, ihre Entschlossenheit und ihren Drang, neue Grenzen zu erobern. Sie sind unerschrockene Abenteurer und stets bereit, die Herausforderungen des Lebens anzunehmen.

Stier (20. April - 20. Mai): Stier wird vom Planeten Venus regiert und verkörpert die Qualitäten von Stabilität und Sinnlichkeit. Die Stier-Geborenen schätzen die Schönheit der Welt, sind ausgesprochen loyal und legen großen Wert auf physische und emotionale Sicherheit. Ihre Fähigkeit, tief in die Welt des Materiellen einzutauchen, lässt sie oft als Genießer erscheinen.

Zwillinge (21. Mai - 20. Juni): Als vom Merkur beeinflusstes Zeichen sind die Zwillinge für ihre Kommunikationsfähigkeit und Intellekt bekannt. Sie verkörpern die Dualität des Verstandes und sind stets bestrebt, Informationen zu sammeln und zu teilen. Zwillinge leben in einer Welt der Worte und Ideen und sind für ihre Anpassungsfähigkeit und ihren lebhaften intellektuellen Austausch berühmt.

Krebs (21. Juni - 22. Juli): Unter dem Einfluss des Mondes stehen Krebs-Geborene für emotionale Tiefe und Einfühlungsvermögen. Ihr starkes Bedürfnis nach Heim und Familie sorgt für eine liebevolle und schützende Natur. Krebse sind zutiefst intuitiv und pflegen enge Beziehungen, die von Fürsorglichkeit und Hingabe geprägt sind.

Löwe (23. Juli - 22. August): Regiert von der Sonne, strahlen Löwe-Geborene Selbstvertrauen und Großzügigkeit aus. Sie sind geborene Anführer, die mit ihrer charismatischen Erscheinung und offenen Herzen die Aufmerksamkeit auf sich ziehen. Der Löwe verkörpert Kreativität, Freude und stolze Selbstdarstellung.

Jungfrau (23. August - 22. September): Die von Merkur regierten Jungfrauen sind für ihre analytische und methodische Herangehensweise bekannt. Sie streben nach Perfektion und legen großen Wert auf Detailtreue und Vernunft. Mit ihrem Bedürfnis nach Ordnung und Organisation sind Jungfrauen sowohl praktisch veranlagt als auch hilfsbereit.

Waage (23. September - 22. Oktober): Waagen werden von Venus beeinflusst und sind für ihre diplomatische Natur und den Sinn für Ästhetik bekannt. Sie streben nach Harmonie und Ausgewogenheit und scheuen Auseinandersetzungen. Ihre charmante und kooperative Persönlichkeit sucht stets nach Gleichheit und Gerechtigkeit.

Skorpion (23. Oktober - 21. November): Vom Pluto regiert, sind Skorpione bekannt für ihre intensive und tiefgründige Natur. Sie besitzen eine enorme Willenskraft und eine magnetische Aura. Die Skorpione streben nach Transformation und erforschen gerne die verborgenen Aspekte des Lebens.

Schütze (22. November - 21. Dezember): Der Schütze, regiert von Jupiter, repräsentiert Freiheit und das Streben nach Wissen. Die Schütze-Geborenen haben eine natürliche Neugier und einen Sinn für Abenteuer. Ihre optimistische und zukunftsorientierte Denke prägt ihren unaufhaltsamen Drang nach Wachstum und Zielen.

Steinbock (22. Dezember - 19. Januar): Der von Saturn beeinflusste Steinbock ist bekannt für seine Disziplin und Verantwortungsbewusstsein. Sie sind ambitioniert und entschlossen, ihre langfristigen Ziele zu erreichen. Ihre pragmatische Natur und ihre Fähigkeit, Hindernisse zu überwinden, machen sie zu ausgezeichneten Planern und Führungspersönlichkeiten.

Wassermann (20. Januar - 18. Februar): Unter der Leitung von Uranus stehen Wassermänner für Unabhängigkeit und Originalität. Sie haben eine zukunftsgerichtete Denkweise und sind oft innovativ und ideenreich. Ihre Offenheit und Menschlichkeit treiben ihren Wunsch an, soziale Barrieren zu überwinden und Fortschritt zu fördern.

Fische (19. Februar - 20. März): Regiert von Neptun, sind Fische bekannt für ihre Sensibilität und ihren tiefen Sinn für Spiritualität. Sie haben ein ausgeprägtes Einfühlungsvermögen und sind oft künstlerisch und intuitiv veranlagt. Die Fische verstehen die Einheit des Kosmos und streben nach einer Verbindung mit dem Ganzen.

Zusammen bilden die zwölf Tierkreiszeichen ein facettenreiches Mosaik der menschlichen Identität und spiegeln die Vielfalt und den Reichtum unserer inneren Welten wider. Ihre archetypischen Symbole dienen als Orientierungshilfe, um die feinen Nuancen und vielfältigen Erfahrungen zu verstehen, die unsere Leben beeinflussen.

Die vier Elemente: Feuer, Erde, Luft und Wasser

In der astrologischen Betrachtung spielen die vier Elemente eine zentrale Rolle, denn sie repräsentieren die grundlegenden Kräfte, die das gesamte Universum durchziehen. Diese Elemente - Feuer, Erde, Luft und Wasser - sind nicht nur von Bedeutung für die Klassifikation der zwölf Tierkreiszeichen, sondern beeinflussen auch deren Charaktereigenschaften und Handlungsweisen. Bereits die antiken Philosophen der westlichen Welt, wie Empedokles und Aristoteles, erkannten die Relevanz dieser Elemente als die Bausteine des Lebens und ordneten ihnen spezifische Qualitäten zu.

Feuer: Die Kraft des Antriebs und der Leidenschaft

Die Feuerzeichen - Widder, Löwe und Schütze - sind von einem unstillbaren Drang geprägt, voranzuschreiten und neue Territorien zu erobern. Feuer symbolisiert Energie, Inspiration und Transformation. In der Astrologie steht es für das Streben nach Unabhängigkeit und die Verwirklichung von Ideen. Individuen, die unter einem Feuerzeichen geboren sind, zeichnen sich häufig durch ihren Enthusiasmus und ihre Willenskraft aus. Wie der Feuerarchetyp, sind sie zündende Funken, die neue Projekte in Gang setzen und mit brennender Leidenschaft verfolgen. Feuer steht dabei auch für Mut und den Drang nach Selbstverwirklichung, während es gleichzeitig eine potenzielle Gefahr der Ungeduld und Aggressivität birgt. C.G. Jung sah in ihnen den Archetyp des Helden, der die Welt gestalten und sich unaufhörlich weiterentwickeln möchte.

Erde: Die Basis der Stabilität und der Realitätssinn

Die Erdzeichen - Stier, Jungfrau und Steinbock - verkörpern den Archetyp der Beständigkeit und des Materialismus. Erde symbolisiert Solidität, Praktikabilität und Zuverlässigkeit. Für diese Zeichen steht die physische Welt im Vordergrund, und sie zeigen oft ein außergewöhnliches Talent für das Materialisieren von Ideen in greifbare Ergebnisse. Eigenschaften wie Geduld, Disziplin und Verantwortungsbewusstsein sind integrale Bestandteile ihrer Persönlichkeit. Individuen mit einer starken Erdprägung sind bestrebt, in allen Aspekten ihres Lebens Stabilität zu schaffen und zu erhalten. Nach Aristoteles, der Erde als kältestes und trockenstes Element betrachtete, besitzen Erdzeichen eine Tendenz zur Vorsicht und einer respektvollen Wahrnehmung der physischen Grenzen.

Luft: Die Sphäre des Wissens und der sozialen Verbundenheit

Luftzeichen - Zwillinge, Waage und Wassermann - repräsentieren den Bereich des Intellekts und der Kommunikation. Luft symbolisiert den Gedankenaustausch, das Lernen und die Freiheit. Diese Zeichen sind unermüdliche Denker, die sich in der Welt der Ideen und Theorien wohlfühlen. Sie schätzen Diskussion und sind oft sozial engagiert. Die Fähigkeit, verschiedene Perspektiven wahrzunehmen und Verbindungen zwischen scheinbar zusammenhangslosen Konzepten herzustellen, ist eine ihrer größten Stärken. In seinen "Metaphysiken" beschreibt Aristoteles Luft als wärmeres, feuchteres Element, das Bewegung und Verlust von Schwere ermöglicht, was die Offenheit und Leichtigkeit der Luftzeichen unterstreicht.

Wasser: Die Essenz der Emotionen und der Intuition

Wasserzeichen - Krebs, Skorpion und Fische - sind tief mit dem emotionalen Bereich verbunden und verkörpern Sensibilität, Mitgefühl und ein starkes Einfühlungsvermögen. Wasser symbolisiert die Verbindung zum Unbewussten, zur Intuition und zum tiefen Verständnis. Diese Zeichen werden oft als ruhig und geheimnisvoll beschrieben, fähig, emotionale Tiefen zu erkunden, von denen andere nur träumen können. Sie tragen eine tiefe Weisheit in sich, die aus dem unermesslichen emotionalen Ozean ihres Inneren schöpft. Platon, der Universum und Wasser als symbolische Metapher für Veränderung und Anpassung betrachtete, sah in Wasser das Element der Spiritualität und der mystischen Verbindung.

Indem wir die Rollen und Einflüsse der vier Elemente im Rahmen der Astrologie verstehen, gewinnen wir ein grundlegendes Werkzeug, um die komplexe Struktur eines Geburtshoroskops differenziert zu analysieren. Jedes Element verleiht den Tierkreiszeichen einzigartige Qualitäten, die dem Individuum helfen, seine Bestimmung in der Welt zurückzufinden. Dieses Wissen um die vier Elemente ist unverzichtbar, um die Tiefe der astrologischen Analyse zu erweitern und eine umfassendere Einsicht in das persönliche und universelle Sein zu erwerben.

Modalitäten: Kardinal, Fix und Veränderlich

Die Astrologie ist ein faszinierendes und komplexes System, das den Menschen seit Tausenden von Jahren inspiriert und geleitet hat. Eines der fundamentalen Konzepte innerhalb der astrologischen Deutung ist das Verständnis der Modalitäten: Kardinal, Fix und Veränderlich. Diese Modalitäten bieten eine differenzierte Betrachtung dessen, wie die zwölf Tierkreiszeichen auf die Energien und Herausforderungen des Lebens reagieren. Jede Modalität repräsentiert eine spezifische Art und Weise des Ausdrucks und der Energie, die den Charakter und das Verhalten der einzelnen Zeichen prägt.

Die kardinale Modalität steht als Initialkraft für Neuanfänge und Initiativen. Kardinale Zeichen sind dafür bekannt, führend und richtungsweisend zu sein. Sie zeichnen sich durch ihren Unternehmergeist und ihre Vorliebe für Bewegung und Aktivität aus. Widder, Krebs, Waage und Steinbock gehören zu den Kardinalzeichen und verkörpern das Prinzip des Neubeginns, jedoch in unterschiedlichen

Lebensbereichen. Der Widder stürmt mutig voran, um persönliche Projekte anzugehen, während der Krebs in familiären und emotionalen Kontexten neue Wege beschreitet. Waage sucht nach Harmonie in zwischenmenschlichen Beziehungen, und Steinbock konzentriert sich auf den beruflichen und gesellschaftlichen Aufstieg. Diese Zeichen sind immer darauf bedacht, Dinge in Bewegung zu setzen und Projekte ins Rollen zu bringen.

Im Gegensatz dazu repräsentiert die fixe Modalität Stabilität, Beständigkeit und Hingabe. Fixe Zeichen sind auf den Erhalt und die Verwaltung bestehender Strukturen ausgerichtet. Sie besitzen eine bemerkenswerte Fähigkeit, durchzuhalten und ihre Ziele konsequent zu verfolgen, selbst angesichts von Widrigkeiten. Die Zeichen Stier, Löwe, Skorpion und Wassermann fallen unter diese Kategorie. Der Stier, erdverbunden und geduldig, bewahrt und schätzt materielle Sicherheit und Komfort. In einer anderen Dimension arbeitet der Löwe mit unerschütterlicher Loyalität an der Aufrechterhaltung seiner kreativen und persönlichen Errungenschaften. Der Skorpion, tiefgründig und transformativ, setzt seine Kraft ein, um emotionale Bindungen zu festigen, während der Wassermann mit seinem unverwechselbaren Innovationsgeist soziale Strukturen stabilisiert und vorantreibt.

Veränderliche Modalitäten offenbaren sich in einer bemerkenswerten Flexibilität und Anpassungsfähigkeit. Diese

Zeichen sind die Vermittler, die in der Lage sind, sich den vielfältigen Veränderungen und Anforderungen der Welt schnell und effizient anzupassen. Durch ihre Beobachtungsgabe und Wandlungsfähigkeit tragen sie entscheidend zur Anpassung an neue Gegebenheiten bei. Zwillinge, Jungfrau, Schütze und Fische sind die Veränderlichen unter den Tierkreiszeichen. Zwillinge setzen ihre kommunikative Finesse ein, um Informationen zu teilen und sich mit anderen zu vernetzen. Jungfrau zeigt praktische Anpassungsfähigkeit im Umgang mit alltäglichen Aufgaben und im Engagement für Detailgenauigkeit. Schütze bleibt offen für philosophische und intellektuelle Erkundungen, während Fische in der Lage sind, ihre Emotionen und tiefen Intuitionen dazu zu benutzen, sich fließend durch ihre inneren und äußeren Welten zu bewegen.

Die Modalitäten sind essenzielle Bausteine in der astrologischen Analyse, die es ermöglichen, die Dynamik und den Ausdruck der Zeichen besser zu verstehen. Sie verleihen den Sternzeichen eine zusätzliche Dimension und erlauben es, ihre Interaktion innerhalb des astrologischen Kreises zu erfassen und zu deuten. Das Verständnis der Modalitäten bietet einen praktischen Rahmen, um die subtilen Nuancen der planetarischen Bewegungen und ihre Auswirkungen auf das individuelle und kollektive Bewusstsein zu interpretieren. In einem Horoskop können sie als Leitfaden dienen, um herauszufinden, auf welche Weise eine Person ihre innere Energie am effektivsten kanalisieren kann, um im Einklang mit ihrem eigenen Lebensziel und ihren Umständen zu agieren.

Planeten in der Astrologie: Eigenschaften und Einfluss

In der Astrologie spielen die Planeten eine zentrale Rolle, denn sie sind die himmlischen Akteure, die durch ihre Bewegungen und Positionen den kosmischen Einfluss auf das irdische Leben vermitteln. Jeder Planet verkörpert spezifische Energien und Prinzipien, die sowohl die Persönlichkeitsmerkmale eines Individuums als auch die kollektiven Erfahrungen der Menschheit beeinflussen. Die Kenntnis ihrer Eigenschaften und Einflüsse erlaubt uns somit, tiefgreifende Einsichten in die astrologische Deutung und deren Auswirkungen auf das persönliche Leben zu gewinnen.

Die Sonne, als das strahlende Zentrum unseres Sonnensystems, symbolisiert das zentrale Ich, das Ego und das bewusste Selbstbewusstsein. In der Astrologie steht sie für Lebensenergie, Vitalität und den Ausdruck der Persönlichkeit. Ein wesentlicher Aspekt der Sonnenenergie ist die Betonung auf Individualität und Selbstausdruck, die sich in der Art und Weise zeigt, wie wir unseren Lebenszweck und unsere Identität wahrnehmen und manifestieren.

Der Mond hingegen repräsentiert das Unbewusste, die Emotionen und das instinktive Wesen. Assoziiert mit der weiblichen Energie, ist der Mond ein Symbol für Intuition, Empfänglichkeit und das innere kindliche Bedürfnis nach

Geborgenheit. Die astrologische Bedeutung des Mondes kann in unserem emotionalen Verhalten, unseren tiefsten Bedürfnissen und unseren mütterlichen Beziehungen gefunden werden.

Merkur, der Bote der Götter, personifiziert Kommunikation, Intellekt und Logik. Durch seine Einflüsse offenbart sich, wie wir Informationen verarbeiten, Ideen formulieren und ausdrücken sowie Gedanken austauschen. Die Position von Merkur in einem Horoskop zeigt unsere Denkweise, Lernfähigkeit und unseren kommunikativen Stil an.

Venus strahlt die Energie der Liebe, Schönheit und Harmonie aus. Sie ist der Planet, der Affection, Beziehungen und ästhetische Vorlieben definiert. Venus in der Astrologie gewährt uns Einblick in das, was wir attraktiv finden, sowohl im materiellen als auch im emotionalen Sinne, und wie wir Harmonie oder vielleicht auch Disharmonie in sozialen Interaktionen erleben.

Mars, benannt nach dem römischen Kriegsgott, verkörpert Mut, Antrieb und Durchsetzungsvermögen. Dieser Planet bezieht sich auf unsere Fähigkeit, Ziele zu verfolgen und zu kämpfen, wenn es notwendig ist. Mars zeigt, wie wir unsere Energie fokussieren und mit Herausforderungen umgehen.

Jupiter, der größte Planet, wird als Wohltäter angesehen. Er steht für Expansion, Wachstum, Weisheit und Gerechtigkeit. Als Planet des Glücks und der Fülle, verleiht Jupiter

Optimismus und Glauben an das Gute im Leben. Seine Stellung im Horoskop kann Hinweis darauf geben, wo uns das Leben Möglichkeiten zu Entwicklung und Erfüllung bietet.

Saturn hingegen stellt die Prinzipien der Begrenzung, Struktur und Disziplin dar. Oft als Lehrer oder Prüfungsplanet betrachtet, fordert Saturn zur Verantwortungsübernahme und zur Auseinandersetzung mit der Realität auf. Während es herausfordernd sein kann, mit Saturns Einflüssen umzugehen, bietet er auch die Chance für nachhaltiges Wachstum und Weisheit durch Erfahrung.

Die transpersonalen Planeten – Uranus, Neptun und Pluto – wirken auf einer kollektiven Ebene und spiegeln tiefere gesellschaftliche und kosmische Entwicklungen wider. Uranus wird mit plötzlichen Veränderungen, Erneuerung und Revolution in Verbindung gebracht. Neptun fordert die Auseinandersetzung mit Illusionen sowie spirituelle und kreative Entfaltung. Pluto, Planet der Transformation, bringt oft das Unterbewusste an die Oberfläche und symbolisiert Tod und Wiedergeburt im symbolischen Sinne.

Um die astrologischen Einflüsse der Planeten vollends zu verstehen, ist es wichtig, ihre Platzierung, Herrschaftsbereiche und Wechselwirkungen mit anderen Chart-Elementen detailliert zu analysieren. Durch die bewusste Auseinandersetzung mit diesen planetaren Energien können wir ein tieferes Verständnis für uns selbst, unsere Mitmenschen und die Kräfte erlangen, die unser Leben formen.

Die persönlichen Planeten: Sonne, Mond, Merkur, Venus und Mars

In der Welt der Astrologie spielen die persönlichen Planeten eine zentrale Rolle bei der Ermittlung der individuellen Persönlichkeit und Lebensführung. Diese Planeten - Sonne, Mond, Merkur, Venus und Mars - werden als "persönlich" bezeichnet, da sie sich schneller durch den Tierkreis bewegen als die sozialen und transpersonalen Planeten und somit einen unmittelbareren Einfluss auf das persönliche Horoskop eines Individuums ausüben. Sie lenken den täglichen Lebensablauf und prägen die individuellen Eigenschaften, Talente und Herausforderungen. Indem wir diese persönlichen Planeten verstehen, erhalten wir Einsicht in die grundlegendsten Aspekte unseres Wesens.

Die Sonne: Der Kern des Selbst

Die Sonne ist das Leuchtfeuer unseres Horoskops und repräsentiert das essentielle Selbst, die grundlegende Identität und den lebensbejahenden Kern unseres Wesens. Ihre Position in einem bestimmten Tierkreiszeichen und Haus gibt Auskunft über unsere zentralen Lebensanliegen und Motivationen. In ihrer Funktion als "Ich-Bewusstsein" symbolisiert die Sonne den Weg der individuellen

Verwirklichung und Ehrgeiz. Der Astrologe Jeff Mayo beschreibt die Sonne treffend als "den zentralen Punkt, um den sich das ganze Horoskop dreht: Sie ist der Brennpunkt des Lebenslichts." Der Standort der Sonne in einem Horoskop weist darauf hin, wo eine Person Erfüllung sucht, und zeigt die Bereiche des Lebens, die die stärkste Lebensenergie erfordern.

Der Mond: Emotionen und inneres Selbst

Der Mond symbolisiert das innere Selbst, unsere emotionalen Bedürfnisse und Reaktionen. Er steht in engem Zusammenhang mit der inneren emotionalen Welt und psychischen Anlagen, die bereits in der Kindheit geprägt werden. Wo die Sonne für den bewussten Verstand steht, steht der Mond für die unwillkürliche, nachts arbeitende Intuition und das Unterbewusstsein. Die Position und das Zeichen, in dem der Mond steht, zeigen, wie man sich umsorgt, geborgen und sicher fühlt. Bedeutend ist hierbei die praktische Erfahrung von astrologischen Autoritäten wie Liz Greene, die ausführt, dass der Mond das Bedürfnis ist, emotionales Gleichgewicht und Zufriedenheit zu finden. Die Mondposition ist ein Wegweiser dafür, wie eine Person emotionale Geborgenheit und natürliche Instinkte zum Ausdruck bringt.

Merkur: Intellekt und Kommunikation

Merkur beeinflusst die Art und Weise, wie wir denken, lernen und kommunizieren. Er regiert sowohl die Kommunikation als auch die intellektuellen Fähigkeiten einer Person und zeigt an, wie Informationen aufgenommen, verstanden und ausgedrückt werden. In der antiken Mythologie war Merkur der Götterbote, eine Wahrnehmung, die seine Rolle in der Astrologie reflektiert. Der Standort des Merkur im Horoskop beeinflusst die mentale Aktivität, die Art zu reisen und die Art der alltäglichen Interaktionen. Die britische Astrologin und Schriftstellerin Sue Tompkins erläutert: "Merkur steht für die Frage, wie wir Informationen verarbeiten, oftmals aus mehreren Quellen, und wie wir diese dann effektiv kommunizieren." Seine Position kann uns auch über das Lernpotential und den Bildungsweg einer Person informieren.

Venus: Harmonie und Beziehungen

Venus steht für unsere Werte, Liebe und zwischenmenschlichen Beziehungen. Sie repräsentiert, wie wir Liebe beschreiben und erfahren, sowohl in romantischen Beziehungen als auch in Freundschaften und der Kunst. Als "planetarische Gottheit der Schönheit und Verlangen" konzentriert sich der Einfluss der Venus auf das Streben nach Harmonie, Genuss und sinnlichem Vergnügen. Die Astrologin Joanna Martine Woolfolk stellt fest: "Venus ist der Planet der Vereinigung und zeigt, wie wir Liebe und Sympathie anziehen oder geben." Die Position der Venus zeigt, wie eine Person die Schönheit wahrnimmt und wo sie Frieden und Gleichgewicht sucht.

Mars: Energie und Durchsetzungsvermögen

Mars steht für Tatkraft, Energie und Durchsetzungsvermögen. Er ist der Planet des Krieges und des Enthusiasmus, indem er den Willen einer Person, Initiativen zu ergreifen, sichtbar macht. Mars ist es, der das Feuer im Horoskop entfacht und die Fähigkeit zur natürlichen Aggression symbolisiert. Der Standort dieses Planeten ist entscheidend für das Verständnis, wo eine Person ihre Energie am besten einsetzen sollte und welche Herausforderungen Mut und Tatkraft erfordern könnten. Psychologe und Astrologe Steven Forrest beschreibt Mars als "den Ort im Horoskop, der am lautesten ruft: Sei mutig! Sei ein Krieger!". Mars zeigt die Bereiche, in denen wir den Willen entfalten müssen, um uns zu behaupten und möglicherweise eine Führungsrolle einzunehmen.

Diese dynamischen persönlichen Planeten beleuchten die Feinheiten der Persönlichkeit, die Bedürfnisse und die individuellen Herausforderungen eines Menschen im astrologischen Bild. Das Verständnis ihrer Interaktionen und Positionen ist entscheidend für ein tiefes Verständnis der eigenen Natur und der Art und Weise, wie man mit der Welt interagiert. Durch die Meditation über die persönlichen Planeten als Teil eines kosmischen Komplexes können Menschen tiefere Einblicke in persönliche Stärken und Schwächen gewinnen und so den Weg zu Selbstbewusstsein und Wachstum beschreiten. Die Kenntnis der persönlichen Planeten führt uns zu einem klareren Blick auf die innere Landkarte, die unser tägliches Leben beeinflusst und prägt, und bietet uns wertvolle Schlüssel zur harmonischen Entfaltung im Einklang mit den universellen Kräften.

Die sozialen Planeten: Jupiter und Saturn

Jupiter und Saturn nehmen in der Astrologie eine herausragende Stellung ein, da sie als die sozialen Planeten bekannt sind. Diese Bezeichnung rührt daher, dass sie einen tieferen Einfluss auf unser gesellschaftliches Leben und unsere Interaktionen mit der Gemeinschaft ausüben. Während die persönlichen Planeten – Sonne, Mond, Merkur, Venus und Mars – hauptsächlich mit unserer selbstbezogenen Erfahrung zusammenhängen, öffnen Jupiter und Saturn die Tür zu unserer Rolle innerhalb der größeren sozialen Struktur.

Jupiter: Der Planet des Wachstums und der Expansion

Jupiter, der größte Planet unseres Sonnensystems, symbolisiert Wachstum, Expansion und Weisheit. In der Mythologie ist er als der König der Götter bekannt, der über Wohlstand, Fülle und Rechtschaffenheit wacht. In der Astrologie steht Jupiter für die Suche nach Sinn und Wahrheit. Er inspiriert uns, über die Grenzen unserer individuellen Existenz hinauszudenken und neue Horizonte zu erkunden.

Jupiters Einfluss wird als positiv und wachstumsfördernd angesehen. Dieser Planet lädt uns ein, neue Erfahrungen zu sammeln, uns weiterzubilden und unseren Horizont zu erweitern. Im individuellen Horoskop repräsentiert Jupiter das Streben nach Wissen und Spiritualität sowie den Umgang mit Religion, Philosophie und höherer Bildung. Berühmte Astrologen wie Liz Greene beschreiben Jupiter als den "Planeten der Möglichkeiten", der große Gelegenheiten bietet, die jedoch auch mit Maß und Ziel genutzt werden müssen. ("Astrological Psychology: The Huber Method")

Ein weiteres Element des Jupiters ist sein Einfluss auf moralische und ethische Überzeugungen. Er ermutigt uns, hohe Ideale zu verfolgen und uns um das Gemeinwohl zu kümmern. Jupiter in einem starken Aspekt zu anderen Planeten kann große Güte, Toleranz und Großzügigkeit hervorbringen.

Saturn: Der Herr der Grenzen und Strukturen

Im Gegensatz zu Jupiters expansiver Natur steht Saturn, bekannt als der 'Herr der Ringe', dessen Energien Begrenzung, Struktur und Disziplin darstellen. In der Mythologie ist Saturn der Gott der Zeit, der unaufhaltsam und gerecht seine Urteile fällt. Astrologisch gesehen, zeigt er uns unsere Limitationen und zwingt uns, Verantwortlichkeiten zu übernehmen. Sein Einfluss wird oft als herausfordernd beschrieben, bringt jedoch letztendlich Stabilität und Weisheit über die Zeit.

Astrologen heben hervor, dass Saturn eine bedeutende Rolle in der Gestaltung persönlicher und beruflicher Ziele spielt. Er ist der Planet der Lehren, die durch Härte,

Disziplin und Ausdauer gelernt werden müssen. In diesem Sinne repräsentiert Saturn Prüfungen und Hindernisse, die wir auf unserem Lebensweg begegnen. Vettius Valens, ein Astrologe der Antike, fasste Saturns Rolle treffend zusammen: "Es ist Saturn, der in der Lage ist, trotz Widrigkeiten, das Fundament für eine nachhaltige Zukunft zu legen." ("The Anthology")

Saturn regt dazu an, ernsthaft und verantwortungsbewusst zu handeln, und erinnert uns daran, dass Geduld ein wichtiger Bestandteil des Wachstumsprozesses ist. Saturn lehrt uns, dass die Erfüllung größerer Werke Zeit und Hingabe benötigt.

Jupiter und Saturn im Gleichgewicht

Die Interaktion zwischen Jupiter und Saturn wird oft als "kosmischer Tanz" bezeichnet, der eine sorgsame Balance zwischen Expansion und Begrenzung erfordert. Beide sind unerlässlich für den Fortschritt: Während Jupiter neue Möglichkeiten eröffnet, sorgt Saturn dafür, dass diese mit Fairness und Struktur umgesetzt werden. Dieser Gegensatz macht sie zu einem dynamischen Duo in der Astrologie.

In der Betrachtung eines Horoskops können die Aspekte zwischen Jupiter und Saturn maßgeblich darüber Auskunft geben, wie eine Person mit Wachstum und Verantwortung umgeht. Harmonie zwischen beiden kann sich in einem ausgeglichenen Ansatz zur Karriere und persönlichen Entwicklung zeigen. Dissonante Aspekte zwischen diesen beiden könnten jedoch ein Leben verdeutlichen, das geprägt ist von übertriebenen Ambitionen ohne solide Grundlage, oder einem zurückhaltenden Verhalten durch übermäßigen Pessimismus.

Zusammenfassend sind Jupiter und Saturn unverzichtbare Planeten in der astrologischen Analyse. Sie bieten Einblicke nicht nur in persönliche Herausforderungen und Stärken, sondern auch in die Art und Weise, wie wir uns in die komplexe Struktur der Gesellschaft einfügen. Ihre dynamischen Energien fordern uns fortwährend heraus, nicht nur über uns selbst hinauszuwachsen, sondern dabei auch Verantwortung und Reife zu entwickeln. In diesem kosmischen Zusammenspiel liegt eine tiefe Weisheit, die uns zu einem erfüllteren, bewusst gelebten Dasein führen kann.

Die transpersonalen Planeten: Uranus, Neptun und Pluto

Die transpersonalen Planeten Uranus, Neptun und Pluto verkörpern jene Kräfte im Universum, die jenseits der individuellen und sozialen Ebenen wirken, indem sie tiefgreifende Veränderungen sowohl auf persönlicher als auch auf kollektiver Ebene hervorrufen. Sie stehen für größere kosmische Prozesse und ihren Einfluss, der sich oft unerwartet oder besonders tiefgreifend manifestiert. Ihre langsame Bewegung durch den Tierkreis sorgt für weitreichende Auswirkungen auf ganze Generationen, was ihnen ihren Spitznamen als "Generationsplaneten" einbrachte.

Uranus: Der Erneuerer

Uranus wird oft mit plötzlichen Erleuchtungen, revolutionären Veränderungen und dem unerwarteten Durchbruch von alten Mustern in Verbindung gebracht. Er herrscht über das Tierkreiszeichen Wassermann und symbolisiert Erfindungsreichtum, Unabhängigkeit und Intuition. In der Astrologie wird Uranus als ein Katalysator gesehen, der Menschen dazu inspiriert, über das Altbewährte hinaus zu sehen und sich dem Neuen, Unbekannten zu öffnen.

Sein Einfluss gilt in den Bereichen der Technologie, Wissenschaft sowie allen Formen des Fortschritts als besonders stark. Astrologen assoziieren mit Uranus plötzliches, oft chaotisches Handeln, das aber auf eine tiefere Absicht abzielt: die Befreiung von überholten Strukturen. Richard Tarnas beschreibt Uranus in seinem Werk „Cosmos and Psyche" als „die archetypische Kraft für Veränderung, für das Unerwartete und das Herausfordernde in der menschlichen Erfahrung" (Tarnas, 2006).

Neptun: Der Träumer

Neptun ist das Tor zum Reich der Phantasie, Mystik und Spiritualität. Der Planet der Träume und Illusionen regiert das Tierkreiszeichen Fische und steht für universelle Liebe, Intuition und das Unbewusste. Neptun wirkt subtil und läuft im Hintergrund wie eine neblige Präsenz, die die Wahrnehmung verwischt und dadurch die Realitäten in Frage stellt.

Sein Einfluss zeigt sich oft in Bereichen der Kunst, Musik und Spiritualität. Er regt das kollektive Unterbewusstsein an und kann sowohl inspirierende als auch täuschende Auswirkungen haben. Der Okkultist Dane Rudhyar betont in „Astrological Insights into the Spiritual Life" die transformative Kraft Neptuns zur Förderung spiritueller Entwicklung und zur Auflösung des Egos zugunsten einer größeren Einheit (Rudhyar, 1979).

Pluto: Der Transformator

Pluto, obwohl der kleinste der transpersonalen Planeten, trägt die größte Macht zur vollständigen Wandlung und tiefgreifenden Transformation in sich. Er regiert das Tierkreiszeichen Skorpion und symbolisiert Tod und Wiedergeburt, Macht und Tiefgang. Pluto zwingt zur Konfrontation mit den tiefsten Teilen des Selbst und erfordert oft das Loslassen dessen, was hinderlich ist, um neues Wachstum zu ermöglichen.

Plutos Einfluss kann intensiv und unbarmherzig sein, wirkt sich aber auf lange Sicht erlösend und befreiend aus. In Bereichen von Psychologie und persönlicher Transformation ist sein Einfluss von enormer Bedeutung. In „The Gods of Change" beschreibt Howard Sasportas Pluto als „eine molekulare Kraft, die alle Facetten unserer Existenz entkernt und verfolgt, um die Wahrheit darunter zu enthüllen" (Sasportas, 1989).

Zusammengefasst repräsentieren diese drei transpersonalen Planeten eine tiefere Dimension menschlicher Erfahrung und kollektiver Entwicklung. Sie erschienen erst im Laufe der astrologischen Entdeckung und Entfaltung des menschlichen Bewusstseins und bringen neue Perspektiven auf die Art und Weise, wie wir uns in dieser Welt bewegen und entwickeln. Die Herausforderungen, aber auch die transformatorischen Potenziale, die sie mit sich bringen, sind für jeden, der sich der astrologischen Analyse hingibt, von unschätzbarem Wert, um größere Einsichten in die dynamischen Prozesse des Lebens zu gewinnen.

Durch das Verständnis der transpersonalen Planeten Uranus, Neptun und Pluto ist es möglich, astrologische Ereignisse und individuelle Lebenserfahrungen neu zu bewerten und anzuerkennen, dass wir Teil eines größeren kosmischen Plans sind, der sich immer weiter entfaltet. Der Schlüssel liegt in der Einsicht, diesen Kräften nicht widerstehen zu wollen, sondern sie als Chance für Wachstum und Veränderung anzunehmen.

Astrologische Häuser: Struktur und Bedeutung

In der Astrologie sind die zwölf Häuser ein fundamentales Konzept, das einen tiefen Einblick in die verschiedenen Lebensbereiche eines Individuums bietet. Jedes Haus repräsentiert spezifische Themen und Aspekte des Lebens, und ihre Analyse kann ein detailliertes Verständnis der kosmischen Kräfte und ihrer Einflussnahme auf unser tägliches Leben ermöglichen. Die Häuser werden in einem vollständigen Tierkreis mit einem Umfang von 360 Grad aufgeteilt, wobei jedes Haus etwa 30 Grad bedeckt. Dennoch variiert diese Aufteilung je nach Häuser-System, das angewendet wird, um ein Geburtshoroskop zu erstellen.

Das erste Haus beginnt am Aszendenten, dem Grad des Tierkreises, der zum Zeitpunkt der Geburt eines Individuums am östlichen Horizont aufsteigt. Es ist auch als "Haus des Selbst" bekannt und spielt eine entscheidende Rolle bei der Beschreibung der Persönlichkeit, des physischen Erscheinungsbildes und des Selbstausdrucks. Der berühmte Astrologe Stephen Arroyo merkt an: "Das erste Haus entspricht der Art und Weise, wie die Welt einen Menschen sieht, und wie ein Individuum die Welt betritt." Im ersten Haus manifestiert sich daher nicht nur das äußere Erscheinungsbild, sondern auch die gesamten Verhaltensmuster, die eine Person auf andere projiziert.

Das zweite Haus befasst sich mit Besitztümern, Finanzen und materiellen Ressourcen. Es gibt Aufschluss darüber, wie ein Individuum Werte sowohl in finanzieller als auch in spiritueller Hinsicht definiert. Der Philosoph und Astrologe Dane Rudhyar beschreibt es als das Haus, das unser Verständnis von Wert und den Umgang mit physischen Ressourcen prägt. Besonders relevant ist hier auch die Beziehung zu Wohlstand und Sicherheitsbedürfnissen.

Im dritten Haus stehen Kommunikation, Geschwister und kurze Reisen im Fokus. Es beschreibt die Art und Weise, wie ein Individuum Informationen aufnimmt und Wissen weitergibt. Dieses Haus ist auch für alltägliche Interaktionen und Lernprozesse wichtig. Liz Greene, eine namhafte Astrologin, gibt an, dass das dritte Haus unsere unmittelbare Umgebung und die Art und Weise, wie wir intellektuelles Feuer entfachen, reflektiert.

Das vierte Haus steht im Zeichen der Familie, der Heimat und der inneren Sicherheit. Es ist der häusliche Bereich, in dem sich tief verwurzelte emotionale Bedürfnisse befinden. Die amerikanische Astrologin Erin Sullivan erklärt: "Das vierte Haus ist das tiefste Zentrum unseres Horoskops, der Ursprungsort, von dem alles ausgeht." Dieses Haus zeigt, wie wir unsere Wurzeln schlagen und welche emotionalen Bindungen gepflegt werden, sowohl im Bezug auf die Abstammung als auch unser physisches Zuhause.

Das fünfte Haus des Tierkreises bezieht sich auf Kreativität, Romantik und Kinder. Hier entdecken wir das spielerische und schöpferische Potenzial, das in jedem von uns steckt. Der Astrologe Geoffrey Cornelius hebt hervor, dass dieses Haus speziell die Kinderseite in uns allen betont, jene Qualitäten der ungezügelten Freude und spontanen Schöpfungskraft, die oft durch das Erwachsensein gedämpft werden.

Das sechste Haus ist bekannt für Arbeit, Gesundheit und tägliche Routinen. Es beleuchtet die Pflichten und den Dienst, den ein Individuum im alltäglichen Leben leistet. Die Astrologin und Autorin Sue Tompkins weist darauf hin, dass dieses Haus uns die Notwendigkeit von Rituale und Routinen zur Erhaltung der körperlichen und geistigen Gesundheit lehrt.

Das siebte Haus, das Haus der Partnerschaft, befasst sich mit langfristigen Beziehungen und Ehen. Es reflektiert, welche Art von Partner jemand anzieht und wie harmonische oder herausfordernde Beziehungen entstehen. Die Astrologin Evangeline Adams schrieb, „Das siebte Haus ist nicht allein das Haus der Ehe, sondern ein Ort der Spiegelung. Wir sehen im Anderen das, was uns möglicherweise in uns selbst fehlt."

Intimität, Transformation und gemeinsame Besitztümer sind die Themen des achten Hauses. Dieses Haus behandelt tiefgründige Verbindungen und das Loslassen von Altlasten. Die Astrologie als transformatives Werkzeug zeigt sich hier besonders stark, da es die Möglichkeit einer Neugewichtung unserer Herangehensweise an Macht und Abhängigkeiten bietet.

Das neunte Haus öffnet den Blick für höhere Bildung, Philosophie und Fernreisen. Es zeichnet sich durch einen

Hunger nach Wissen und einem Verständnis für kulturelle Unterschiede aus. Alan Oken, Astrologe und Autor, beschreibt es als das Haus der geistigen Reise, wo das individuelle Bewusstsein erweitert wird, um die Wechselbeziehungen des Lebens mit einem Gefühl von Sinn zu verbinden.

Das zehnte Haus ist das öffentliche Leben, der Beruf und die Berufung. Dieses Haus führt uns in die Sphäre der Karrieren und der gesellschaftlichen Verantwortung. Die Astrologin Jan Spiller vermerkte, dass das zehnte Haus das Potenzial aufzeigt, welches Schicksal wir in der Welt erreichen können, und welche Position wir im größeren Gesellschaftsgefüge einnehmen könnten.

Das elfte Haus behandelt Freundschaften, Gruppen und soziale Netzwerke. Hier wird sichtbar, wie wir mit größeren kollektiven Energien interagieren. Astrologe Howard Sasportas schreibt, dass dieses Haus den Glauben an gemeinschaftlichen Fortschritt sowie die Hoffnungen und Träume repräsentiert, die durch soziale Verbindung erfüllt werden.

Das zwölfte und letzte Haus steht für das Unbewusste, Geheimnisse und die Spiritualität. Oft als das mystische Haus beschrieben, bringt es die Energien mit sich, die nicht immer sofort offensichtlich sind, jedoch zentrale Bedeutung für unser seelisches Wachstum haben. Geprägt von Isolation und Hingabe, markiert es den Abschluss zyklischer

Veränderungen und die Integration unterbewusster Einflüsse, wie Stephen Forrest anmerkt.

Zusammen liefern die zwölf Häuser des Horoskops eine umfassende Matrix, die es dem Astrologen ermöglicht, die verschiedenen Dimensionen eines Lebens zu erkunden. Jedes Haus funktioniert nicht isoliert, stattdessen besteht ein ständiger interaktiver Einfluss, der unsere individuellen Lebensgeschichten spiegelt und eine prägnante Landkarte für introspektive Entdeckungen bietet.

Heutzutage betonen moderne Astrologen die integrative Funktion der Häuser als Teil eines gesamtheitlichen Ansatzes, da sie ein dynamisches Gerüst bieten, durch das wir unser persönliches und spirituelles Wachstum reflektieren können. Benötigt man tiefere Einblicke in besondere Lebensabschnitte, bietet die Synastry hier weitere Einblicke, was die interpersonellen dynamischen Energien zwischen zwei oder mehr Horoskopen betrachtet.

In diesem Licht wahrgenommen, fügen sich die Häuser als innere Tempel zusammen, die nicht nur den Ort der äußeren Erfahrungen, sondern auch den der tiefen inneren Bedeutung enthüllen.

Die Verbindung von Planeten und Häusern: Einflüsse auf das individuelle Horoskop

Die Verbindung von Planeten und Häusern wirft ein faszinierendes Licht auf die komplizierte Architektur des individuellen Horoskops. Während Sternzeichen und ihre Eigenschaften selbst den Laien einigermaßen bekannt sind, offenbart sich der wahre Tiefgang der astrologischen Analyse erst durch das Studium der Planeten und ihrer Platzierung in den astrologischen Häusern. Diese Kombination liefert eine dynamische und vielschichtige Darstellung der Persönlichkeit, des Schicksals und der Lebensmission eines Menschen.

Die astrologischen Häuser, die zwölf Segmente des Horoskops, repräsentieren verschiedene Lebensbereiche, die von persönlichen Angelegenheiten bis hin zu kollektiven sozialen Verpflichtungen reichen. Diese Bereiche sind wie Stationen, an denen sich unser Bewusstsein entfaltet. Während Planeten die verschiedenen Energien und Einflüsse repräsentieren, die in unser Leben einfließen, definieren die Häuser, wo genau diese Energien wirksam werden. Die verschiedenen Planeten, wenn sie durch die Häuser reisen oder dort stationiert sind, heben die Bedeutung und die energetische Qualität dieser Lebensbereiche hervor.

Beginnen wir mit einem Beispiel: Die Sonne, das Zentrum unseres Sonnensystems und in der Astrologie der Kern unserer Identität, entfaltet je nach Haus, in das sie fällt, verschiedene Fragen des Selbst. Fällt die Sonne ins erste Haus, das Haus der Persönlichkeit und Selbstwahrnehmung, suggeriert dies starke Führungsqualitäten und ein hohes Maß an Selbstbewusstsein. Ein Individuum mit dieser Platzierung wird oft als geborener Anführer wahrgenommen. Die konzentrierte Energie der Sonne im zehnten Haus hingegen könnte Ambitionen in der Karriere und Öffentlichkeitsarbeit anzeigen, verleiht dem Horoskopeigner jedoch auch eine starke generelle gesellschaftliche Präsenz.

Der Mond, der unsere Emotionen und unbewussten Muster symbolisiert, bringt in den jeweiligen Häusern auch grundlegende Differenzen in der emotionalen Auslebung mit sich. Ein Mond im vierten Haus, dem Haus von Heim und Familie, hebt die Notwendigkeit hervor, emotionale Sicherheit und Geborgenheit zu erfahren. Wohingegen ein Mond im siebten Haus auf intensive Emotionen in zwischenmenschlichen Beziehungen hinweist, mit Betonung auf harmonischer Partnerschaft.

Merkur, Planet der Kommunikation und Intellekt, verändert je nach Haus seine Ausdrucksweise. Im dritten Haus positioniert, stärkt er die Fähigkeit zur klaren und effektiven Kommunikation, indem er Lernen und Austausch unterstützt. Im neunten Haus könnte Merkur jedoch das philosophische Denken und den Wunsch nach hoher Bildung und Reisen fördern.

Venus, Symbol für Liebe und Harmonie, und Mars, der die Energie des Willens und der Durchsetzungskraft beinhaltet, zeigen, wie wir Liebe empfangen und wie wir unsere Ziele verfolgen. Eine Venus im zweiten Haus weist auf den Genuss materieller Güter und die Bedeutung von finanziellem Komfort für das persönliche Glück hin. Dagegen steuert ein Mars im siebten Haus die Tendenzen hin zu starken, möglicherweise konfliktbeladenen Partnerschaften.

Jupiter, der Planet des Wachstums und der Expansion, und Saturn, der Planet der Grenzen und Lektionen, zeigen ihren Einfluss in den Häusern auf eindrucksvolle Weise. Ein Jupiter im fünften Haus könnte Freude und Glück im Bereich kreativer Selbstausdruck, besonders durch Kinder oder künstlerische Unternehmungen, signalisieren. Saturn im sechsten Haus könnte hingegen Herausforderungen am Arbeitsplatz oder gesundheitstechnische Aufgaben im Alltagsleben anzeigen.

Die transpersonalen Planeten — Uranus, Neptun und Pluto — bieten zusätzliche Facetten der Deutung durch ihre wichtigen, weitreichenden sozialen, kollektiven und psychologischen Kräfte. Uranus im elften Haus zum Beispiel könnte die Neigung zu unkonventionellen sozialen Gruppen oder Netzwerken anzeigen, während ein Neptun im zwölften Haus die Tendenz zur spirituellen Selbsterforschung und zur Suche nach Transzendenz akzentuiert. Pluto im achten Haus löst tiefgreifende Transformationen und thematische Auseinandersetzungen mit Macht und Verlust aus.

Somit erlaubt uns das komplexe Zusammenspiel von Planeten und Häusern im Horoskop, die gestellte Frage der persönlichen und kollektiven Themen einer Person zu dechiffrieren und ein subtiles Verständnis im Kontext des Ganzen zu entwicklen. Zu verstehen, wie Planeten durch Häuser wirken, erweitert unser Wissen über individuelle Neigungen und Herausforderungen auf vielschichtige Weise, und bietet uns so die Möglichkeit, durch das astrologische Studium Orientierung in Lebensprozessen zu bieten.

Die Verschmelzung dieser langjährigen, tiefgründigen Erkenntnisse innerhalb der Astrologie ist nicht nur ein intellektuelles Unterfangen, sondern auch ein besonders intuitives Gebiet, das die Seherleichte und Seherische Natur jedes Einzelnen herausfordert und bekräftigt.

Aspekte zwischen Planeten: Harmonisch und herausfordernd

In der Welt der Astrologie bilden die Aspekte zwischen den Planeten einen der zentralen Bausteine zur Interpretation eines Horoskops. Diese geometrischen Beziehungen offenbaren, wie die planetaren Energien miteinander agieren, und die darin liegenden harmonischen und herausfordernden Qualitäten lassen uns tiefere Einblicke in das persönliche Potenzial und die Lebenslektionen eines Individuums gewinnen.

Die Aspektlehre beruht auf dem Winkelabstand zwischen den Planeten im Tierkreis. Traditionell gibt es fünf Hauptaspekte: die Konjunktion (0°), das Sextil (60°), das Quadrat (90°), das Trigon (120°), und die Opposition (180°). Jeder dieser Aspekte hat seine eigene Bedeutung und kann als harmonisch oder herausfordernd klassifiziert werden, je nach der Natur der beteiligten Planeten. Viele moderne Astrologen beziehen auch kleinere Aspekte wie den Quinkunx (150°) in ihre Deutungen mit ein, um ein umfassenderes Bild zu erhalten.

Harmonische Aspekte

Harmonische Aspekte, wie das Sextil und das Trigon, fördern den Fluss der Energien zwischen den Planeten. Ein Sextil tritt bei einem Winkel von 60 Grad auf und wird oft als Möglichkeit verstanden, Chancen zu erkennen und in konstruktiver Weise zu nutzen. Es zeigt Bereiche im Leben an, in denen Potenziale mühelos entwickelt werden können. Zum Beispiel kann ein Sextil zwischen Merkur, dem Planeten der Kommunikation, und Venus, dem Planeten der Liebe, darauf hindeuten, dass die Person diplomatisch begabt ist und leicht Beziehungen aufbauen kann.

Ein Trigon, das bei einem Winkel von 120 Grad entsteht, gilt als der harmonischste aller Aspekte. Es erlaubt den

Planeten, ohne Widerstand und Disharmonie zu interagieren, was zu einem angeborenen Talent oder einem natürlichen Gespür in einem bestimmten Bereich führt. Ein Beispiel hierfür könnte ein Trigon zwischen Jupiter, dem Planeten des Wachstums und der Expansion, und der Sonne, dem Ausdruck von Selbst und Persönlichkeit, sein, was auf Optimismus und eine natürliche Fähigkeit zur Selbstentfaltung hinweisen könnte.

Herausfordernde Aspekte

Herausfordernde Aspekte hingegen sind jene, die Spannungen und Konflikte anzeigen. Zu diesen gehören das Quadrat und die Opposition. Ein Quadrat ist ein 90-Grad-Winkel, der oft innere Spannungen oder äußere Herausforderungen darstellt. Ein Planet, der im Quadrat zu einem anderen steht, zeigt Felder auf, in denen harte Arbeit und Disziplin erforderlich sind, um Erfolg zu erzielen. So könnte beispielsweise ein Quadrat zwischen Mars, dem Planeten der Energie und Durchsetzungskraft, und Saturn, dem Planet der Einschränkung und Verantwortung, darauf hinweisen, dass Impulskontrolle und Geduld gelernt werden müssen.

Eine Opposition, die bei 180 Grad entsteht, spiegelt die Konflikte wider, die zwischen den gegensätzlichen Kräften eines Horoskops existieren. Während sie oft Herausforderungen mit sich bringt, bietet sie auch die Möglichkeit zur Integration und zur Bildung eines tieferen Verständnisses dieser Gegensätze. Die Erreichung von Harmonie bedarf im

Falle einer Opposition, wie zwischen Merkur und Jupiter, der Balance zwischen detaillierter Analyse und einem ganzheitlichen Überblick.

Ein wichtiger Punkt in der Deutung astrologischer Aspekte ist der Einfluss der beteiligten Tierkreiszeichen und Häuser, die der jeweilige Aspekt umfasst. So wird beispielsweise ein Quadrat zwischen Mars in Widder, einem feurigen und impulsiven Zeichen, und Saturn in Steinbock, einem erdigen und disziplinierten Zeichen, andere Themen betonen als ein Quadrat derselben Planeten in anderen Zeichen. Dies zeigt, wie maßgeschneidert die astrologische Analyse sein muss.

Der Umgang mit harmonischen und herausfordernden Aspekten stellt eine zentrale Aufgabe in der astrologischen Deutung dar. Es ist wichtig, nicht nur die Art der Aspekte zu betrachten, sondern auch die Art der Planeten, die beteiligt sind. Die richtige Interpretation ermöglicht es, eine tiefe Verbindung zu den subtilen Energien, die unser Leben prägen, herzustellen, und bietet wertvolle Einsichten, die zur persönlichen Entwicklung und Transformation führen können.

Resümierend lässt sich feststellen, dass die Aspekte zwischen den Planeten – harmonisch oder herausfordernd – essenzielle Werkzeuge für jeden Astrologen darstellen, um die Karte eines Individuums meterologisch gefüttert zu verstehen. Jedes dieser geometrischen Muster ist dabei nicht alleinstehend zu sehen, sondern stets im Kontext des gesamten Horoskops und seiner einzigartigen Verschränkungen mit dem täglichen Leben, wie es im Einklang mit den kosmischen Rhythmen tanzt.

Astrologische Symbole und ihre Deutungen

Das Universum der Astrologie ist reich an Symbolen, jedes verkörpert eine Vielzahl von Bedeutungen und Einsichten. Diese Symbole sind das Herzstück astrologischer Deutungen und bieten eine tiefe Verbindung zwischen dem individuellen Bewusstsein und den kosmischen Kräften. In diesem Abschnitt wollen wir die wichtigsten astrologischen Symbole beleuchten und ihre tiefe Bedeutung für das Verständnis von Persönlichkeitsstrukturen und kosmischen Einflüssen herausarbeiten.

Die Sternzeichen, auch Tierkreiszeichen genannt, sind die ersten und primärsten Symbole in der Astrologie. Jedes der zwölf Zeichen besitzt einzigartige Eigenschaftsmuster, die sowohl positive als auch herausfordernde Aspekte enthalten. Widder, das erste Zeichen, symbolisiert den Beginn und die Initiative, während Fische, das letzte Zeichen, den Abschluss und die Auflösung repräsentieren. Die Symbole selbst, wie der Widderkopf oder die zwei Fische, stellen diese Eigenschaften visuell dar und dienen als Schlüssel zu tieferem Verständnis.

Planeten sind bedeutende Himmelskörper, die in der Astrologie nicht nur als physikalische Entitäten verstanden werden, sondern als Träger spezifischer Energien und Einflüsse. Jeder Planet symbolisiert bestimmte archetypische Kräfte: Die Sonne steht für das Selbst und das Ego, der Mond verkörpert Emotionen und das Unbewusste. Merkur ist der Bote, das Symbol für Kommunikation und Intelligenz, während Venus die Liebe und Schönheit verkörpert. Mars, für seine Kriegsführung bekannt, symbolisiert Durchsetzungsvermögen und Energie. Diese Planeten wirken im Zusammenspiel mit den Zeichen, die sie durchlaufen, und den Aspekten, die sie zueinander bilden, auf den Charakter und das Schicksal eines Menschen ein.

Astrologische Häuser repräsentieren die unterschiedlichen Bereiche des Lebens. Jedes der zwölf Häuser ist mit bestimmten Lebensthemen verbunden, wie zum Beispiel das erste Haus, welches das Selbst und die Persönlichkeit betrifft, oder das siebte Haus, das sich auf Partnerschaften und Beziehungen konzentriert. Die Symbole für Häuser verweisen auf den Zyklus von Geburt, Wachstum, Reife und Tod, und spiegeln die Struktur der menschlichen Existenz wider.

Aspekte zwischen den Planeten, wie Quadrate, Trigone und Konjunktionen, werden in der Astrologie als Symbole für die Art und Weise angesehen, wie unterschiedliche Energieeinflüsse interagieren. Ein Quadrat, zum Beispiel, verweist auf Herausforderungen und Spannungen, die bewältigt werden müssen, während ein Trigon Harmonie und

Unterstützung symbolisiert. Diese Aspekte symbolisieren die dynamischen Bewegungen und Interaktionen zwischen den verschiedenen Energien im Geburtshoroskop und stellen eine wichtige Dimension in der horoskopischen Analyse dar.

Was die Symbole eint, ist ihre Fähigkeit, komplexe kosmische Kräfte in verständliche und menschlich relevante Bedeutungen umzusetzen. Sie fungieren als Brücke zwischen dem Makrokosmos und dem Mikrokosmos, zwischen universellen Kräften und individuellen Lebenserfahrungen. In der Kunst der kosmischen Deutung erweisen sich diese Symbole als machtvolles Werkzeug, um das individuelle Bewusstsein zu erweitern und tiefere Einblicke in die eigene Existenz und die Gesetzmäßigkeiten des Lebens zu gewinnen.

Ein altes Sprichwort besagt: „Wie oben, so unten", und es ist genau diese symbiotische Beziehung zwischen den Himmelskörpern und dem menschlichen Dasein, die die Astrologie untersucht. In ihrem stilisierten und oft poetischen Ausdruck können diese Symbole eine unerschöpfliche Quelle der Inspiration sein, die nicht nur das Verständnis für sich selbst und andere bereichert, sondern auch für die Mechanismen, die das Leben auf der Erde mit den himmlischen Bewegungen verknüpfen.

Im Herzen jeder astrologischen Praxis steht das Ziel, die Geheimnisse des Universums zu entschlüsseln, einen Sinn in den Sternen zu finden und über die Symbolik eine Sprache zu entwickeln, die uns jüngt, herausfordert und letztendlich bereichert. Durch die bewusste Abstraktion und Visualisierung dieser Symbole wird das Unsichtbare sichtbar, das Unbewusste ins Bewusstsein gerufen und das unverständliche systematisch nachvollziehbar gemacht.

Die Kunst der Deutung: Tarotkarten mit astrologischen Prinzipien kombinieren

Einführung in die Prinzipien der astrologischen Symbolik

Die astrologische Symbolik bildet das Herzstück der Deutungspraktiken, die auf dem harmonischen Zusammenspiel von kosmischen Kräften und individuellen Erfahrungen basieren. Um Tarot und Astrologie effektiv zu kombinieren, ist es unerlässlich, die Grundlagen der astrologischen Symbole zu verstehen. Die Sprache der Astrologie ist komplex und vielseitig, und ihre Symbole wurden über Jahrhunderte hinweg gepflegt und verfeinert, um ein differenziertes Bild des menschlichen Lebens und seiner Verbindungen zum Kosmos zu zeichnen. Diese Symbole sind nicht nur Hilfsmittel zur Vorhersage zukünftiger Ereignisse, sondern dienen auch als Spiegel für die tiefsten Schichten unserer Psyche.

Der wesentliche Bestandteil der astrologischen Symbolik sind die Planeten, die Tierkreiszeichen und die Häuser. Jeder Planet verkörpert spezifische Energien und Prinzipien, die im Leben eines Individuums wirken können. Zum Beispiel repräsentiert der Mond unsere emotionalen Bedürfnisse, während die Venus das Prinzip der Liebe und der ästhetischen Wertschätzung symbolisiert. Die alten Astrologen sahen in der Bewegung dieser Himmelskörper einen Einfluss auf das Leben auf der Erde, eine Überzeugung, die in der heutigen Verständnis der astrologischen Traditionen fortbesteht.

Die zwölf Tierkreiszeichen dienen als archetypische Muster, die die Variationen menschlichen Verhaltens und Bewusstseins beschreiben. Jedes Zeichen wird von einem Planeten regiert und weist spezifische Eigenschaften auf. Widder, das von Mars beherrscht wird, ist bekannt für seine Dynamik und Entschlossenheit, während Fische, unter der Herrschaft von Neptun, für Empathie und spirituelle Sensibilität steht. Diese archetypischen Muster helfen uns, die grundlegenden Motivationen und Verhaltensmuster einer Person zu verstehen.

Die astrologischen Häuser spiegeln verschiedene Lebensbereiche wider und eröffnen eine weitere Dimension der Bedeutungsfindung. Jedes Haus steht für einen bestimmten Lebensbereich, wie Beziehungen, Karriere oder Familie, und seine Lage in einem Horoskop zeigt an, wie wir Energie in diesem Bereich erfahren und ausdrücken. Die Beziehung zwischen Planet, Zeichen und Haus bildet ein komplexes Netz von Bedeutungen, das uns über den momentanen Stand oder die Entwicklung eines bestimmten Bereiches wertvollen Aufschluss geben kann.

Bei der Kombination von Tarot mit astrologischen Prinzipien ist es entscheidend, diese Mehrschichtigkeit und Symbole zu integrieren, um tiefere Einsichten zu gewinnen. Die Tarotkarten selbst sind mit symbolischen Bedeutungen angefüllt, die denen der astrologischen Prinzipien ähneln oder sie ergänzen können. So wird etwa das Stern-Zeichen im Tarot oft mit Hoffnung und Inspiration assoziiert, während die entsprechende astrologische Symbolik des Wassermanns Inspiration und der Drang nach Freiheit repräsentiert. Indem wir diese beiden Weisheitssysteme zusammenfügen, entsteht eine noch nuanciertere Interpretation.

Es ist in der Tat das Verständnis dieser dynamischen Symbole, das den Unterschied ausmacht zwischen einer oberflächlichen und einer tiefgehenden Analyse. Untersuchungen, sofern diese in diesem Kontextbereich zulässig sind, wie Rudhyar (1970) in "The Astrology of Personality" ausgeführt hat, betonen die Bedeutung, die innere Harmonie der Sternbilder mit der persönlichen Entwicklung zu verbinden. Dieser theoretische Ansatz kann schließlich in der praktischen Arbeit mit Klienten im Feld des Tarot und Astrologie bedeutende Transformationen bewirken.

Durch die Einführung in die Prinzipien der astrologischen Symbolik eröffnen sich zahlreiche Wege zur spirituellen Erkundung, Selbstreflexion und Bereicherung unserer Lebensführung. Jene, die die Symbole der Astrologie mit den

Bildern des Tarot vereinen, haben die Möglichkeit, umfassende und bedeutungsvolle Lesungen zu kreieren, die sowohl den ätherischen als auch den realen Anforderungen des täglichen Lebens gerecht werden.

Der Tierkreis und seine Entsprechungen im Tarot

Der Tierkreis ist ein beeindruckendes Bauwerk kosmischer Weisheit, das seit Jahrtausenden die Menschheit fasziniert und inspiriert. Seine zwölf Zeichen dienen nicht nur als Grundlage der Astrologie, sondern spiegeln sich auch in der vielschichtigen Welt des Tarots wider. Im Tarot sind archetypische Bilder zu finden, die erstaunliche Parallelen zu den Qualitäten und Symboliken der astrologischen Tierkreiszeichen aufweisen. Die Synergie zwischen diesen beiden esoterischen Praktiken kann uns helfen, tiefere Einsichten in die menschliche Natur und den Lauf der Dinge zu gewinnen.

Der Beginn des Tierkreises liegt im Zeichen des Widders, das für Neubeginn, Energie und Pioniergeist steht. Diese dynamische und feurige Energie korrespondiert stark mit der Tarotkarte „Der Narr", die für Unschuld, Spontaneität und Aufbruch zu neuen Abenteuern steht. Der Narr, als die Karte ohne feste Nummer, symbolisiert die rohe und ungeformte Energie, die typisch für den Anfang eines neuen astrologischen Zyklus ist.

Stier, das zweite Zeichen des Tierkreises, repräsentiert Beständigkeit, Geduld und den Sinn für die schönen Dinge im Leben. Im Tarot ist diese Energie in der Karte „Der Hierophant" zu finden, der die Bedeutung von Tradition, Glauben und spiritueller Führung symbolisiert. Die Verbindung zwischen dem Hierophanten und dem Stier zeigt sich in der Stabilität und dem Wunsch nach materieller und spiritueller Sicherheit.

Zwillinge, das Zeichen der Kommunikation, Anpassungsfähigkeit und Wissensdurst, findet seine Entsprechung in der Karte „Die Liebenden". Diese Karte geht über die bloße romantische Liebe hinaus und reflektiert Entscheidungen, Dualität und die Fähigkeit, Verbindungen herzustellen – sei es zu Menschen, Ideen oder dem göttlichen Selbst. Die Verbindung beruht auf einem tiefen Verständnis und der Fähigkeit, Dualitäten zu integrieren.

Krebs, das Zeichen der Emotionen, der Geborgenheit und der Familie, wird im Tarot durch „Der Wagen" dargestellt. Diese Darstellung beinhaltet den emotionalen Antrieb und die innere Stärke, die nötig sind, um das Leben zu meistern. Gleich dem Fahrer des Wagens führt der Krebs uns durch die Tiefen unserer Seele, wo Schutz und Führung Hand in Hand gehen.

Der Löwe, strahlend und voller Selbstbewusstsein, wird mit der Tarotkarte „Die Kraft" assoziiert. Diese Karte steht für innere Stärke, Mut und das liebevolle Zähmen unserer animalischen Instinkte, eine direkte Reflexion der Löwe-Qualitäten von königlicher Präsenz und Selbstdisziplin. Das Bild von Sanftheit, die Stärke bändigt, entspricht der majestätischen Qualität des Löwen.

In der Jungfrau, dem Zeichen der Analyse, Detailtreue und des Dienstes, finden wir die Verbindung zur Karte „Der Eremit". Diese Karte fordert zur inneren Einkehr und Selbstanalyse auf, Eigenschaften, die tief mit dem natürlichen Drang der Jungfrau zu Perfektion und Nützlichkeit korrespondiert. Der Eremit symbolisiert die Suche nach innerer Wahrheit, ähnlich wie die Jungfrau die Suche nach höherem, praktischem Verständnis symbolisiert.

Die Waage, bekannt für Balance, Harmonie und Partnerschaften, spiegelt sich in der Karte „Die Gerechtigkeit". Diese Karte verkörpert Fairness, Wahrheit und das Streben nach Gleichgewicht in allen Lebensbereichen. Sie ist ein idealistisches Echo der Waage und ihrer Suche nach Gleichgewicht und Harmonie, sowohl innerlich als auch äußerlich.

Skorpion, das geheimnisvolle und transformative Zeichen, wird mit „Der Tod" assoziiert, einer Karte, die Transformation und Wandlung symbolisiert. Diese Verbindung zielt auf die Kraft der Erneuerung und die Zyklen von Ende und

Neuanfang ab, die typisch für das tiefe und leidenschaftliche Naturell des Skorpions sind.

Der Schütze, dessen Streben nach Wissen und sein unstillbarer Hunger nach Wahrheit und Expansion bekannt ist, hat seine Entsprechung in „Das Rad des Schicksals". Diese Karte verkörpert Schicksal, zyklische Veränderungen und zeigt den expansiven Geist des Schützen, der die Höhen und Tiefen des Lebens erkundet.

Steinbock, das Zeichen der Disziplin, Ausdauer und des Ehrgeizes, hat in der Karte „Der Teufel" seinen Spiegel. Diese Assoziation kann erstaunlich erscheinen, doch sie zeigt die Herausforderungen und Versuchungen, die mit Macht und Materialismus einhergehen. Sie repräsentiert die Verpflichtungen und Beschränkungen der physischen Welt, die ein notwendiger Kontrast zum Erfolg sind.

Der Wassermann, Symbol der Originalität, der Humanität und Fortschrittlichkeit, verbindet sich mit „Der Stern". Diese Karte verkörpert Hoffnung, Inspiration und eine strahlende Zukunft – die Essenz des Wassermanns mit seiner visionären und innovativen Energie. Die hoffnungsvolle Aussicht auf eine bessere Welt ist zentral für beide, die Karte und das Tierkreiszeichen.

Fische, das letzte Zeichen des Tierkreises, das oft mit Spiritualität, Empathie und Intuition verbunden wird, findet seine Tarot-Verbindung in „Der Mond". Diese Karte symbolisiert die verborgene Welt der Träume, der Intuition und kollektiven unbewussten Felder – eine Reise durch die Tiefen des Fische-Universums.

Die Verschmelzung von Tarot und Astrologie durch die Betrachtung des Tierkreises öffnet ein reichhaltiges Feld der Vereinigung symbolischer Systeme. Diese universellen Archetypen können uns helfen, das Mysterium des menschlichen Bewusstseins zu erkunden und zu interpretieren, indem sie die Interpretation und die integrale Wahrnehmung von Zusammenhängen erweitern und vertiefen.

Planeten als Einflussfaktoren in der Tarotlegung

In der einzigartigen Verbindung von Tarot und Astrologie spielen die Planeten als kosmische Einflussgeber eine entscheidende Rolle. Ihre Energien und Bedeutungen lassen sich tief in die Symbolik der Tarotkarten einweben, um dem Fragenden eine facettenreiche und umfassende Einsicht in die Fragestellungen des Lebens zu bieten. Die Weisheit der Planeten eröffnet ein Verständnis für die archetypischen Kräfte, die sowohl auf astrologischer Ebene als auch im Tarot wirken.

Astrologisch betrachtet symbolisieren die Planeten grundlegende Aspekte unserer Persönlichkeit und Schicksale. Jeder Planet repräsentiert spezifische Energien und Themen, die in unserer individuellen Geburtskarte und damit in unserem Leben an Bedeutung gewinnen können. Im Tarot finden wir einen Reflex dieser Bedeutungen, was uns erlaubt, die Karten als spirituelle Werkzeuge zu sehen, die über das rein Bildliche hinausgehen und tiefere Einblicke gewähren.

Die Sonne und die Tarotkarte „Die Sonne":

Die Sonne in der Astrologie steht für das Zentrum des Selbst, unser Wesenskern, das Ich-Bewusstsein und den Willen zur Selbstausdruck. In der Tarotkarte „Die Sonne" spiegelt sich diese Vitalität und Klarheit wider. Sie steht für Erfolg, Freude und die Erleuchtung durch inneres Licht. Diese Verbindung zeigt uns, wie unsere spirituelle Kraft und unser inneres Strahlen zur Fülle und Ganzheit führen können.

Der Mond und die Tarotkarte „Der Mond":

Der Mond astrologisch betrachtet symbolisiert die Emotionen, das Unbewusste, die Intuition und die zyklischen Rhythmen des Lebens. In der Tarotkarte „Der Mond" drückt sich dieser Einfluss in der Erkundung des Verborgenen aus, in der Ergründung innerer Ängste und Sehnsüchte. Diese Karte ermutigt uns, dem Flüstern der Intuition zu lauschen und die Tiefe unserer emotionalen Landschaft zu erforschen.

Mars und die Tarotkarte „Der Turm":

Mars ist bekannt als der Planet des Krieges und der Durchsetzungskraft. Im Tarot wird Mars oft mit der Karte „Der Turm" in Verbindung gebracht, die den plötzlichen Umbruch und die transformative Kraft von Konflikten und Veränderungen symbolisiert. Dies zeigt, wie die aggressive Energie des Mars uns dazu zwingt, alte Strukturen abzubauen, um Platz für Neues zu schaffen.

Venus und die Tarotkarte „Die Liebenden":

Die Venus repräsentiert Liebe, Schönheit, Harmonie und Werte. In der Karte „Die Liebenden" des Tarot manifestieren sich die Themen der Venus durch Beziehungen und Entscheidungsfindungen, die einer harmonischen Konstellation bedürfen. Sie lädt uns ein, die Kunst der Liebe und der Wertschätzung in verschiedensten Lebensbereichen zu praktizieren.

Merkur und die Tarotkarte „Der Magier":

Merkur steht für Kommunikation, Intellekt und die Fähigkeit, Wissen zu teilen. „Der Magier" im Tarot ist ein Symbol für Geschicklichkeit, List und die Anwendung unserer mentalen Fähigkeiten, um die Realität zu gestalten. Diese Korrespondenz zeigt den dynamischen Austausch zwischen Gedankenwelt und materieller Manifestation.

Jupiter und die Tarotkarte „Das Rad des Schicksals":

Jupiter ist der Planet des Wachstums, Glücks und der Weisheit. Diese Werte finden sich im Tarot in der Karte „Das Rad des Schicksals" wieder, die für Veränderung, Zyklen und das Glück im Wandel steht. Jupiter hilft uns, die Chance zu erkennen, in jedem Wandel eine Lehre zu finden, die zum persönlichen Wachstum beiträgt.

Saturn und die Tarotkarte „Der Teufel":

Saturn, der Hüter der Zeit und der Karma-Planet, repräsentiert Einschränkungen, Verantwortung und Prüfungen. „Der Teufel" im Tarot weist auf die Versuchungen und Herausforderungen hin, die Saturns Prüfungen umgehen. Diese Karte erinnert uns daran, die Absichten hinter unseren Bindungen und Verpflichtungen zu hinterfragen.

Indem wir die Planeten als Einflussfaktoren in der Tarotlegung anerkennen und integrieren, öffnen wir uns einer tieferen Dimension der Selbsterkenntnis. Diese Verschmelzung von kosmischen Energien mit der Symbolik der Tarotkarten bietet eine reiche Quelle der Weisheit, die uns unterstützt, die Komplexität unserer Vergangenheit, Gegenwart und Zukunft zu verstehen.

Astrologische Häuser und ihre Bedeutung im Tarot

Die astrologischen Häuser stellen eine faszinierende Komponente in der Welt der Astrologie dar. Sie können als die Bühne beschrieben werden, auf der sich unser Leben entfaltet, wobei jedes Haus einen bestimmten Bereich unseres Daseins symbolisiert. In der Vereinigung von Tarot und Astrologie bieten die Häuser einen erweiterten Kontext für die Interpretation der Tarotkarten, indem sie tiefere Einsichten in die unterschiedlichen Lebensbereiche der Fragenden ermöglichen. Diese Kombination bringt eine neue Dimension in die Tarotlegung, die einen spezifischen Fokus auf die Situationen und Herausforderungen unseres Alltags legt.

Erstes Haus – Das Selbst und die Erscheinung

Das erste Haus steht im Zeichen von Widder und wird vom Planeten Mars regiert, es symbolisiert das Ich, die Persönlichkeit und die physische Erscheinung. In der Tarotlesung zeigt sich seine Energie oft durch Karten wie den Narren oder den Magier, die neue Anfänge, Selbstausdruck und Initiativkraft repräsentieren. Diese Karten im Kontext des ersten Hauses könnten eine Aufforderung sein, sich auf persönliche Entwicklungen und authentische Selbstentfaltung zu konzentrieren.

Zweites Haus – Besitz und Werte

Gehört zum Zeichen Stier und Venus regiert es. Das zweite Haus steht für Werte, Finanzen und materielle Besitztümer. Der Pentakelkönig und die Vier der Münzen sind Beispiele für Tarotkarten, die das zweite Haus gut verkörpern. Ihre Anwesenheit in einer Legung könnte die Fokussierung auf finanzielle Sicherheit, Wertebewusstsein und Stabilität in materiellen Belangen erfordern.

Drittes Haus – Kommunikation und Intellekt

Zu den Zwillingen gehörend, wird es von Merkur beherrscht. Es bezieht sich auf Kommunikation, kurze Reisen und den intellektuellen Austausch. Die Karten wie der Bube der Schwerter oder die Acht der Stäbe sind Indikatoren für Botschaften, Bewegung und intellektuelle Bestrebungen, die mit dem dritten Haus resonieren können. Sie könnten darauf hindeuten, dass man sich der Kommunikation bewusst verstärkt widmen sollte.

Viertes Haus – Familie und Wurzeln

Das vierte Haus ist dem Krebs zugeordnet und wird vom Mond regiert; es behandelt Themen rund um Zuhause, Familie und emotionale Sicherheit. Karten wie die Vier der Kelche oder die Zehn der Kelche reflektieren oft häusliche Themen oder familiäre Gefühle, die im Mittelpunkt stehen könnten, insbesondere in der Verbindung zu emotionalem Wohlbefinden und Stabilität in der Herkunftsfamilie.

Fünftes Haus – Kreativität und Vergnügen

Correlating to Leo and ruled by the Sun, the fifth house encompasses creativity, pleasure, and self-expression. Karten wie die Sechs der Stäbe oder die Königin der Stäbe können im Tarot auf kreative Projekte und die Entfaltung von Talenten hinweisen, die durch dieses Haus thematisiert werden. Die Suche nach Freude und die Feier der eigenen Einzigartigkeit stehen im Vordergrund.

Sechstes Haus – Gesundheit und Arbeit

Regiert von Merkur und zugeordnet der Jungfrau, betrifft das sechste Haus alltägliche Routinen, Gesundheit und Dienst an anderen. Karten wie der Gehängte oder die Sieben der Münzen werfen ein Licht auf das Gleichgewicht zwischen beruflichen Verpflichtungen und persönlicher Gesundheit. Diese Karten könnten eine Aufforderung zur nachhaltigen Selbstpflege und Optimierung der Lebensweisen sein.

Siebtes Haus – Partnerschaften und Beziehungen

Das Zeichen Waage, von Venus regiert, dominiert hier. Das siebte Haus beschäftigt sich mit Partnerschaften, sowohl persönlicher als auch beruflicher Natur. Die Liebenden und die Zwei der Kelche verkörpern oft die Themen von Harmonie und Verbindung, die hier im Fokus stehen. Diese Karten im siebten Haus legen die Bedeutung von balancierten und bewussten Verbindungen nahe.

Achtes Haus – Transformation und Geheimnisse

Gehört zu Skorpion und von Pluto regiert, deckt es Themen wie Transformation, Tod und Wiedergeburt sowie Verborgenes auf. Die Karte Tod oder das Ass der Schwerter bringen oft die dunklen Korridore der Veränderung ins Spiel, denen man sich stellen muss, um Transformation und Erneuerung zu erfahren.

Neuntes Haus – Reisen und höhere Bildung

Schütze, von Jupiter regiert, beschreibt das neunte Haus - es steht für philosophische Ziele, Reisen und höhere Bildung. Die Karten Wagen oder Mäßigkeit können im neunten Haus auftauchen, um die Erkundung neuer Horizonte und das Streben nach Wissen zu symbolisieren. Die Einladung, den Horizont zu erweitern und auf eine Reise des geistigen Wachstums zu gehen, ist hier bezeichnend.

Zehntes Haus – Karriere und Öffentlichkeit

Das Zeichen Steinbock, von Saturn regiert, beleuchtet Beruf, Öffentlichkeit und Reputation. Karten wie die Herrscherin oder der Erzmagier repräsentieren oft den Aufstieg im beruflichen Bereich oder die Manifestation von Projekten. Der Fokus liegt hier auf strukturiertem Wachstum und Erfolg im öffentlichen Leben.

Elftes Haus – Freundschaften und Wünsche

Von Uranus regiert und Wassermann zugeordnet, behandelt es Freundschaften, soziale Netzwerke und Visionen. Die Karten Stern oder drei des Kelchs spiegeln gemeinschaftliche Ideale und den Austausch innerhalb von Gruppen wider, die durch das elfte Haus beeinflusst werden. Innovation und gemeinschaftliches Streben nach höheren Zielen zeichnen sich hier aus.

Zwölftes Haus – Unterbewusstsein und Isolation

Dem Fisch und Neptun zugeordnet, dreht sich das zwölte Haus um das Unbewusste, Rückzug und Spiritualität. Die Hohepriesterin oder der Mond sind Karten, die oft mit introspektiven und spirituellen Themen assoziiert werden. Sie fordern zur Meditation und tiefem Verständnis des eigenen inneren Seins auf.

Der Kontext, den die astrologischen Häuser für den Tarot bieten, erzeugt nicht nur facettenreichere Einblicke, sondern hilft auch, das Verborgene verständlicher zu machen. Es lädt Tarot-Praktizierende ein, die Narrative der Karten in den Rahmen der spezifischen Lebensbereiche zu setzen, den die Häuser beschreiben, und damit eine tiefere und personalisierte Lesung zu ermöglichen.

Tarotkarten und ihre Zuordnung zu astrologischen Zeichen

Die Tarotkarten und ihre Verbindung zu den astrologischen Zeichen sind ein faszinierendes Thema, das es ermöglicht, die Symbolik und Bedeutung beider Systeme in einem tieferen Kontext zu verstehen. Die 78 Karten des Tarot spiegeln vielschichtige Aspekte der menschlichen Erfahrung wider und können durch die Linse der Astrologie zusätzlich an Bedeutung gewinnen. In der Astrologie repräsentieren die Tierkreiszeichen grundlegende archetypische Energien, die das menschliche Verhalten und die Lebensumstände beeinflussen. Jede dieser zwölf kosmischen Energien kann bestimmten Tarotkarten zugeordnet werden, was den Deutungen eine zusätzliche Tiefe verleiht.

Beginnen wir mit dem Widder, dem ersten Zeichen im Tierkreis, das durch seine Vorwärtsdrang und seine kämpferische Natur gekennzeichnet ist. Diese Energie findet im Tarot ihren Ausdruck in der Karte des 'Narren' und des 'Kaisers'. Der Narr symbolisiert einen Neuanfang, Unbeschwertheit und Spontaneität - alles Eigenschaften, die eng mit der impulsiven Natur des Widders verbunden sind. Der Kaiser hingegen steht für Autorität und Führungsstärke, ebenfalls Aspekte des Widders, der von Mars regiert wird.

Das nächste Zeichen, der Stier, ist geprägt von Beständigkeit und einer starken Verbindung zur materiellen Welt. Im Tarot wird diese Energie durch die 'Hohepriesterin' und den 'Hierophanten' repräsentiert. Die Hohepriesterin versinnbildlicht die intuitive und emotionale Tiefe einer Person, während der Hierophant für Tradition, Werte und Stabilität steht - Charakteristika, die astrologisch dem Stier zugeordnet werden.

Der Zwilling, ein Zeichen der Kommunikation und Intellektualität, wird im Tarot durch die 'Liebenden' und den 'Magier' illustriert. Die Liebenden stehen für Beziehungen und Entscheidungsfindungen, während der Magier die Fähigkeit symbolisiert, Gedanken in Taten zu verwandeln. Beide Karten spiegeln die dualistische und kommunikative Natur des Zwillings wider, der von Merkur beherrscht wird.

Das Zeichen des Krebses, bekannt für seine emotionale Tiefe und Schutzbedürftigkeit, wird durch den 'Wagen' und die 'Mond' Karte im Tarot verkörpert. Der Wagen weist auf Kontrolle, Willenskraft und emotionale Ausgeglichenheit hin, während der Mond die verborgenen Ängste und Intuition des Krebses symbolisiert. Diese beiden Karten spiegeln die natürliche Sensibilität und das Bedürfnis des Krebses wider, sich selbst und seine Umgebung zu schützen.

Das astrologische Zeichen des Löwen, gekennzeichnet durch Stolz, Kreativität und Lebensfreude, findet seinen Ausdruck im Tarot durch die 'Stärke' und die 'Sonne'. Stärke repräsentiert Mut, Kraft und die Fähigkeit, Herausforderungen mit Zuversicht zu begegnen. Die Karte der Sonne steht für Glück, Vitalität und Erfolg - zentrale Themen im Leben eines Löwen, der von der Sonne als natürlichem Herrscherkörper geleitet wird.

Die Karten des 'Eremiten' und der 'Gerechtigkeit' sind Assoziationen des Zeichens Jungfrau, das sich durch seine analytische, praktische und detailorientierte Natur auszeichnet. Der Eremit symbolisiert Weisheit und hinderliches Nachdenken, während die Gerechtigkeitskarte für Ausgewogenheit, Ethik und Wahrheit steht. Diese Karten spiegeln die angeborene Neigung der Jungfrau wider, das Leben mit einem kritischen und zugleich gerechten Blick zu betrachten.

Das friedvolle und ausgleichende Zeichen der Waage miteinander vereint das Tarot durch die Karten 'Gerechtigkeit' und die 'Liebenden'. Die Gewichtungen der Waage spiegelt die gleichwertige Austarierung wider, die für Gerechtigkeit steht. Die 'Liebenden' repräsentieren das Streben nach Harmonien und Beziehungen, zentrale Aspekte des Waagezeichens, das von der Venus regiert wird.

Der Skorpion, bekannt für seine Intensität und Transformation, findet im Tarot seine Entsprechung durch die Karten 'Tod' und 'Der Turm'. Die Todeskarte symbolisiert

Veränderung und Erneuerung, während der Turm für plötzliche Umbrüche und Enthüllungen steht. Beide Karten reflektieren die tiefgründigen, regenerativen Kräfte des Skorpions, der dem Planeten Pluto zugeordnet ist.

Das Zeichen des Schützen, charakterisiert durch eine Suche nach Wissen und Freiheit, wird im Tarot durch die 'Mässigkeit' und das 'Rad des Schicksals' dargestellt. Mässigkeit steht für Ausgeglichenheit, während das Rad des Schicksals für Chancen und Schicksalsschläge symbolisiert. Diese Karten spiegeln das Streben des Schützen nach Abenteuer und Verständnis seiner Umwelt wider.

Mit dem Steinbock, einem Zeichen der Ambition und Disziplin, geht im Tarot die 'Herrscher' und 'Die Welt' in Resonanz. Der Herrscher verkörpert Kontrolle und Struktur, während die Karte der Welt Vollendung und Erreichung symbolisiert. Sie zeigen den Steinbock als ehrgeizig und zielorientiert, bestärkt durch die Strenge Saturns.

Der Wassermann, bekannt für Freiheit und Erfindungsreichtum, ist im Tarot durch den 'Narr' und den 'Stern' repräsentiert. Der Narr steht für Offenheit und Unkompliziertheit, während der Stern für Inspiration und Hoffnung steht. Diese Karten vermitteln den unkonventionellen, progressiven Geist des Wassermanns, dessen Planet Uranus ihm eigen ist.

Das letzten Zeichen, Fische, regiert über Spiritualität und Imagination. Im Tarot stehen dafür die Karten 'Mond' und 'Der Gehängte', die für unergründete Tiefen und Opferbereitschaft stehen. Dies reflektiert die empathischen und träumerischen Eigenschaften der Fische, einem von Neptun regierten Zeichen.

Indem wir die Tarotkarten mit den jeweiligen astrologischen Zeichen in Verbindung setzen, gewinnen wir nicht nur an Verständnis für beide Systeme, sondern auch für die weitreichenden archetypischen Kräfte, die unser Leben mitgestalten. Zitate berühmter Astrologen bestätigen dies: "Die Sterne neigen, doch zwingen nicht," wie es schon Claudius Ptolemäus formulierte. Diese Verknüpfungen ermöglichen es uns, die kosmische Deutung zu einer Kunstform zu erheben, die sowohl die Intuition als auch das rationale Denken anspricht.

Harmonische Verbindungen: Aspekte in der Astrologie und ihre Parallelen im Tarot

Die Harmonisierung der Astrologie mit dem Tarot eröffnet eine facettenreiche Dimension der Interpretation, die tiefere Einsichten sowohl in der persönlichen als auch in der spirituellen Sphäre gewährt. Eine dieser faszinierenden Dimensionen ist die Anwendung von Aspekten aus der Astrologie auf die Tarotdeutung. Diese beiden alten Disziplinen bieten nicht nur ein reichhaltiges System an symbolischen Bedeutungen, sondern auch eine bemerkenswerte Übereinstimmung, wenn sie zusammengeführt werden.

Astrologische Aspekte sind Winkelbeziehungen zwischen Planeten an unserem Himmel, die eine bestimmte Qualität von Energie oder Einfluss symbolisieren. Diese Aspekte sind von entscheidender Bedeutung, da sie anzeigen, wie Planeten in der Astrologie miteinander interagieren und sich gegenseitig beeinflussen. Die wichtigsten Aspekte umfassen Konjunktion, Sextil, Quadrat, Trigon und Opposition. Jedes dieser Aspekte hat seine eigene Dynamik und Auswirkung auf unsere Wahrnehmung und unsere Realität.

Die Konjunktion bezeichnet eine enge Verbindung zwischen zwei Planeten. In der Tarotdeutung könnte dies beispielsweise durch das Erscheinen zweier Karten mit starker energetischer Bindung zum Ausdruck gebracht werden, wie etwa der Liebenden und der Hierophant. Diese Kombination könnte auf eine tiefe Verbindung zwischen Liebe und spiritueller Weisheit hindeuten, die gemeinsam ein neues Verständnis oder eine neue Phase im Leben des Fragestellers einleiten.

Ein Sextil ist ein Aspekt der Möglichkeit und des Potentials, der vorteilhafte Gelegenheiten bringt. Dies könnte im Tarot als das Auftauchen von Karten gesehen werden, die positive Entwicklungen fördern, wie der Stern zusammen mit der Sonne. Diese Paarung kann symbolisieren, dass der Einzelne in einer Phase guten Glücks und Wachstum ist, in der es auf energetischer und emotionaler Ebene zahlreiche Möglichkeiten gibt.

Das Quadrat hingegen stellt eine Herausforderung oder einen Reibungspunkt dar. Diese Widerstände können im Tarot durch Karten wie den Turm und den Mond angezeigt werden, was auf eine Zeit intensiven Wandels hinweisen könnte. Diese Karten fordern den Fragesteller oft auf, verborgene Ängste anzunehmen, um einen notwendigen Durchbruch zu erreichen.

Ein Trigon ist ein Verhältnis des harmonischen Flusses, der oft Wohlstand und Kreativität symbolisiert. Im Tarot könnte dies etwa durch die Königin der Münzen und die Drei der Kelche dargestellt werden. Diese Karten zusammen könnten auf eine Periode von materieller Fülle und sozialem Genuss hinweisen, in der der Kreativität sicherlich keine Grenzen gesetzt sind.

Schließlich ist die Opposition ein Aspekt des Ausgleichs, oft eine duale Spannung zwischen zwei Kräften. Diese könnte durch Karten wie die Hohepriesterin im Gegensatz zum Teufel dargestellt werden. Dies kann den Fragesteller auffordern, sich bewusst mit inneren Konflikten auseinanderzusetzen, um Gleichgewicht zu finden und weiter zu wachsen.

Die Parallelen zwischen diesen Aspekten und den Tarotkarten offenbaren ein komplexes, aber lohnendes Netz von Bedeutungen, die ein bereits vorhandenes intuitives Wissen anregen und vertiefen können. Der Schlüssel zur Integration dieser beiden Disziplinen liegt in der Fähigkeit, beide Systeme respektvoll und kreativ miteinander zu verbinden, um tiefere Ebenen der Selbsterkenntnis zu erreichen. Indem man die prachtvolle Herausforderung annimmt, astrologische Aspekte in die Tarotinterpretation zu weben, eröffnet man sich ein Universum komplexer innerer und äußerer Resonanzen.

Abschließend sei darauf hingewiesen, dass die Kombination dieser Aspekte mit Tarot noch eine relativ neue Sphäre der Erforschung darstellt, aber sie bietet zahlreiche Potentiale für eine erweiterte Deutung. Diese Einsichten fordern den Praktizierenden heraus und zeigen zugleich neue Wege der Selbsterkenntnis und Transformation auf. Jene unerschütterliche Weisheit, die aus der synergetischen Verbindung von astrologischen Aspekten und Tarot entspringt, stellt eine sowohl kraftvolle als auch geerdete Unterstützung auf dem Weg zur Erkenntnis dar.

Die Kombination von Tarot und astrologischen Elementen in der Praxis

Die Verschmelzung von Tarotkarten und astrologischen Elementen erfordert eine durchdachte Herangehensweise, die sowohl intuitive als auch analytische Fähigkeiten anspricht. In der Praxis geht es darum, die symbolischen Bedeutungen von Tarotkarten mit den astrologischen Einflüssen zu verknüpfen, um so tiefere Erkenntnisse zu gewinnen, die die Grenzen der einzelnen Disziplinen überschreiten.

Ein zentraler Aspekt dieser Praxis ist es, ein Verständnis dafür zu entwickeln, wie die Symbole des Tarots mit den Planetenkonstellationen, den Tierkreiszeichen und Häusern interagieren. Beginnen wir mit einem konkreten Beispiel: Bei einer Legung, in der die Tarotkarte 'Der Wagen' erscheint, kann die Verbindung zu astrologischen Prinzipien helfen, das Umsetzungsstreben und die Vorwärtsbewegung dieser Karte zu deuten. Wenn wir den Einfluss von Mars – dem Planeten der Aktion und Energie – hinzufügen, kann dies darauf hinweisen, dass der Fragesteller bereit ist, notwendige Schritte aktiv zu verfolgen. Diese Verbindung kann durch das Hinzufügen von Aspekten, wie z.B. einer Opposition oder Konjunktion im Horoskop des Fragers, noch weiter vertieft werden. Solche astrologischen Aspekte könnten Teile aus dem inneren Konflikt oder der Harmonie im Streben nach Erfolg darstellen.

Um diese Verbindungen punktgenau zu interpretieren, ist es vorteilhaft, sich ein System zu erarbeiten, das sowohl Festigkeit als auch Flexibilität bietet. In der Praxis kann dies durch das Führen eines Tagebuchs unterstützt werden, in dem verschiedene Kombinationen aus Tarotkarten und astrologischen Einflüssen notiert und ihre Bedeutungen im Lauf der Zeit reflektiert werden. Dies erlaubt es, Muster zu erkennen und eine persönliche Symbolsprache zu entwickeln, die ein tieferes persönliches Verständnis der Karten als auch der astrologischen Einflüsse fördert.

Ein konkreter Ansatz in einer praxisnahen Umsetzung könnte ein Legesystem sein, das die zwölf astrologischen Häuser in einem Tarotlegen widerspiegelt. Jedes Haus steht dabei symbolisch für ein bestimmtes Lebensgebiet, während spezifische Fragen oder Themen bearbeitet werden. Beispielsweise könnte eine Tarotkarte im siebten Haus, das für Partnerschaften steht, in Verbindung gebracht werden mit Venus als dem Planeten, der Beziehungen prägt. Diese Verbindung kann Hinweise darauf liefern, wie der Fragesteller in dieser Lebenssphäre Harmonie oder Herausforderungen erlebt.

Solche Synchronisationen erweitern nicht nur die Aussagekraft einer Tarot-Kartenlegung, sondern fördern auch eine intensivere Selbsterkenntnis des Fragestellers. Sie erlauben es, nicht nur gegenwärtige Umstände zu analysieren, sondern erweitern den Blick auf kommende Entwicklungen und Chancen. Zitate aus der astrologischen Literatur wie

"Sternzeichen und Planeten sind die Tasten, die das Lebensklavier zum Singen bringen" (S.K. Heyduk) verdeutlichen die essenzielle Harmonie zwischen diesen beiden Gebieten.

Eine erfolgreiche Integration beider Systeme erfordert die Verinnerlichung der Tatsache, dass beide Systeme eigenständig lebenswerte und symbolträchtige Inhalte bieten. Dennoch liegt ihre größte Stärke in der kombinierten Anwendung. Die Praxis zeigt uns, dass eine einheitliche Symbolik, die durch persönliche Erfahrung und stetiges Lernen geschärft wird, zu konstruktiven und transformierenden Einsichten führen kann.

Interpretationsmethoden: Wie man astrologische Prinzipien in die Tarotlegung integriert

Die Integration astrologischer Prinzipien in eine Tarotlegung eröffnet ein faszinierendes Spektrum neuer Interpretationsmöglichkeiten und tiefgreifender Einsichten. Während Tarotkarten für sich genommen bereits mächtige Werkzeuge zur Selbstreflexion und Vorhersage bieten, bietet der Einbezug astrologischer Elemente eine zusätzliche Dimension, die sowohl die Deutungsschärfe als auch die persönliche Relevanz der Legung erheblich steigern kann. In diesem Abschnitt werden wir verschiedene Methoden zur wirkungsvollen Kombination von Tarot und Astrologie erkunden und aufzeigen, wie man mit den Symbolen beider Systeme arbeiten kann, um tiefere Einsichten zu gewinnen.

Ein zentraler Ansatz der astrologischen Integration ist die Zuordnung der Tarotkarten zu astrologischen Zeichen, Planeten und Aspekten. Eine bekannte Methode besteht darin, den Tierkreiszeichen und Planeten spezifische Karten des Tarotdecks zuzuweisen. Zum Beispiel steht der Rote für Transformation und Wiedergeburt oft im Zeichen des Skorpions und kann durch die Karte Tod im Tarot verkörpert werden. Diese Zuordnung ermöglicht es, die Eigenschaften des astrologischen Zeichens auf die Karte zu projizieren und umgekehrt, was die Tiefe und Komplexität der Lesung erheblich verstärkt.

Ein weiterer methodischer Ansatz ist die Berücksichtigung der astrologischen Transite zum Zeitpunkt einer Tarotlegung. Indem man die aktuellen Stellung der Planeten und ihre Aspekte zueinander in Betracht zieht, kann man herausfinden, welche Energien oder Lebensbereiche derzeit besonders bedeutsam sind. Zum Beispiel, wenn Mars im Transit derzeit eine herausfordernde Konstellation zu einem persönlichen Planeten bildet, kann diese astrologische Spannung in der Legung widergespiegelt werden und Hinweise auf spezifische Herausforderungen im Leben des Fragenden geben.

Die Aufteilung eines Legesystems nach astrologischen Häusern ist eine weitere Methode, die reichhaltige

Interpretationen erlaubt. Man kann ein Tarotspread anlegen, das jedem der zwölf Häuser des Horoskops eine Karte zuweist, um die spezifischen Lebensbereiche zu identifizieren, die derzeit im Vordergrund stehen oder besondere Aufmerksamkeit bedürfen. Diese Methode hilft, die Legung noch gezielter auf den Fragesteller zuzuschneiden und bietet eine strukturierte Möglichkeit, die verschiedenen Facetten des Lebens aus einer astrologischen Perspektive zu beleuchten.

"Astrologie und Tarot verschmelzen zu lassen, bedeutet, dass wir erkennen, wie der Kosmos in unsere persönlichen Geschichten eingebettet ist und wie jede Karte uns an die größeren Zyklen erinnern kann, die unser Leben formen." – Anonym

Um eine wirkliche Harmonie zwischen Tarot und Astrologie zu erreichen, ist es essenziell, sich auf die intuitive Lesung zu verlassen und nicht nur auf rationale Zuordnungen. Eine Einsicht, die häufig übersehen wird, ist, dass sowohl Tarot als auch Astrologie symbolische Ausdrucksweisen der menschlichen Psyche sind und dass ihre kraftvollsten Anwendungen jenseits buchstäblicher Übersetzungen liegen. Ein astrologisch geprägter Tarot-Leser wird seiner Intuition lauschen, den Raum zwischen den Symbolen der Sternbilder und den Archetypen der Tarotkarten interpretativ zu füllen und dabei Narrativen zu konstruieren, die reich an persönlicher Bedeutung sind und mit der Erfahrung des Fragenden resonieren.

Um die Kunst der Interpretation zu meistern, ist es hilfreich, regelmäßig zu üben und den intuitiven Fähigkeiten zu vertrauen. Man sollte sich mit den Bedeutungen der astrologischen Zeichen, Planeten und Häuser und ihrer korrespondierenden Tarotkarten vertraut machen, da dies die Grundlage für eine tiefergehende Analyse bildet. Mit der Zeit wird die Fähigkeit, die Botschaften der Karten mit den übergeordneten Einflüssen des Kosmos zu verbinden, eine zweite Natur werden und dem Praktizierenden die Möglichkeit eröffnen, nicht nur die Zukunft zu deuten, sondern auch die gegenwärtigen Einflüsse besser zu verstehen und zu navigieren.

Die Vereinigung von Tarot und astrologischen Prinzipien in der Interpretation erfordert Hingabe, Studium und das Vertrauen auf die intuitive Weisheit. Mit diesen Werkzeugen ausgestattet, wird das Universum nicht nur zu einer Sammlung von entfernten Sternkonstellationen, sondern zu einer dynamischen, interaktiven Landkarte, die uns durch die Höhen und Tiefen des Lebens navigiert. Jeder, der die Muße hat, diese Kunst zu lernen, wird letztlich mit einer tieferen Einsicht nicht nur in die Welt der Karten und Sterne, sondern auch in sich selbst belohnt werden.

Fallbeispiele: Praxisnahe Ansätze zur Verschmelzung von Tarot und Astrologie

Die Kombination von Tarot und Astrologie öffnet ein faszinierendes Fenster zu tiefem Verständnis und individueller Einsicht. In diesem Abschnitt werden wir praxisnahe Ansätze beleuchten, die die beiden Disziplinen auf eine harmonische Weise verbinden. Die Integration von Tarotkarten und astrologischen Prinzipien kann in der Praxis erstaunlich inspirierend sein, wenn wir uns mit realen Beispielen beschäftigen. Diese Fallstudien zeigen, wie eine solche Verschmelzung aufschlussreiche Einsichten bieten kann.

Eines der eindrucksvollsten Fallbeispiele ist die Analyse einer persönlichen Frage rund um Lebensveränderungen. Nehmen wir an, eine Person fühlt sich unzufrieden mit ihrer aktuellen beruflichen Situation und wünscht sich Klarheit darüber, in welche Richtung sie sich beruflich weiterentwickeln sollte. Eine Tarotlegung kann hier mit astrologischen Prinzipien angereichert werden. Beginnen wir mit der Ziehung der „Turm"-Karte, die häufig mit plötzlichen Veränderungen und der Notwendigkeit, Altes loszulassen, assoziiert wird. Parallel dazu könnte ein Blick auf aktuelle Transite im Geburtshoroskop aufschlussreiche Hinweise geben. Angenommen, in diesem Fall bewegt sich Uranus, der Planet der Innovation und Veränderung, durch das zehnte Haus, welches für Karriere und Beruf steht, so entsteht ein kraftvolles Bild für bevorstehende Umbrüche und die Ermutigung zu kreativen Neuerungen.

Astrologische Aspekte, wie die Opposition von Uranus zu Planeten im vierten Haus (Heimat, Familie), könnten zusätzlich darauf hinweisen, dass berufliche Veränderungen auch Auswirkungen auf das persönliche Umfeld haben könnten. Solche Einsichten ermöglichen der Person, sich proaktiv vorzubereiten und zukunftsorientierte Entscheidungen zu treffen.

Ein weiteres Fallbeispiel könnte die Untersuchung von Beziehungsdynamiken sein. Stellen Sie sich vor, jemand kommt mit Fragen zu seiner Partnerschaft. Die Tarotkarten „Die Liebenden" in Kombination mit „Der Gehängte" laden zu einer tieferen Reflexion über das Gleichgewicht von Geben und Nehmen in Beziehungen ein. In Verbindung mit einer astrologischen Analyse könnte das siebte Haus (Beziehungen) von Saturn beeinflusst sein. Saturn, oft als Planet der Begrenzung und Verantwortung angesehen, könnte darauf hindeuten, dass in dieser Beziehung Themen wie Verpflichtungen und Langfristigkeit im Vordergrund stehen.

Durch die gemeinsame Betrachtung von Tarot und Astrologie erschließt sich eine narrative Tiefe, die allein durch die Karten oder die astrologische Analyse nicht zu erreichen wäre. Diese Synthese ermöglicht es, symbolische Parallelen zu ziehen und bietet dem Ratsuchenden eine holistische Perspektive auf seine aktuelle Situation.

Die praxisnahe Umsetzung solcher Kombinationen fordert eine intuitive Herangehensweise und die Fähigkeit, die Symbolik beider Systeme flüssig miteinander zu verknüpfen. Ein Experte auf diesem Gebiet muss in der Lage sein, sowohl das narrative Element des Tarots als auch die strukturierende Kraft der Astrologie einzusetzen. Im besten Fall entsteht eine tief reichende, mehrdimensionale Interpretation, die nicht nur aktuelle Problematiken beleuchtet, sondern auch zukünftige Möglichkeiten aufzeigt und den Ratsuchenden ermutigt, seinen eigenen Weg mit neuer Kraft und Einsicht zu gehen.

Wichtig ist hierbei, sich der Grenzen jedes Systems bewusst zu sein und die jeweiligen Verstärkungspotenziale klug zu nutzen. Ziel ist es, eine ganzheitliche Perspektive zu fördern und dem individuellen Erlebnis Raum zu geben, sich in einzigartiger Weise zu entfalten.

Die vorgestellten Fallstudien bieten lediglich einen Einblick in die Möglichkeiten der Integration von Tarot und Astrologie. Der kreative und aufmerksame Einsatz beider Systeme ist endlos und kann individuell angepasst werden, was diese Symbiose besonders wertvoll und reich an Interpretationsmöglichkeiten macht.

Grenzen der Verbindung: Die Unterscheidung der eigenen Symbolik von Tarot und Astrologie

Die Verbindung von Tarot und Astrologie in der Deutung ist eine faszinierende und komplexe Kunst, die tiefere Einsichten in das menschliche Sein ermöglichen kann. Doch bei all den Gemeinsamkeiten und Synergien dieser beiden Systeme ist es wichtig, ihre individuellen Symboliken und Prinzipien klar zu erkennen und zu respektieren. In diesem Unterkapitel werden wir die Grenzen dieser Verbindung erforschen und die Unterscheidung der Symboliken von Tarot und Astrologie detailliert betrachten.

Tarot und Astrologie basieren jeweils auf eigenständigen Symbolsystemen und Deutungsansätzen. Die Tarotkarten bestehen aus einer strukturierten Sammlung von archetypischen Bildern, die in der kleinen und großen Arkana organisiert sind. Jedes Symbol auf den Karten hat Mehrfachbedeutungen, die aus den Traditionen der Hermetik, Kabbala und mittelalterlichen Geschichte stammen. Dagegen ist die Astrologie ein uraltes System, das Himmelskörper, Sternzeichen und Planeteneffekte verwendet, um den Charakter und die Lebensumstände von Individuen zu beschreiben. Es verwendet mathematische und astronomische Berechnungen, um Zeitzyklen und Energien in Verbindung zu bringen.

Ein zentrales Element der Unterscheidung liegt in der Quellenbasis der beiden Systeme. Die Tarotkarten beruhen überwiegend auf symbolisch-mystischen und numerologischen Traditionen, während die Astrologie sich stark auf die Bewegungen der Himmelskörper stützt. Zum Beispiel sind die vier Elemente im Tarot (Feuer, Wasser, Luft und Erde) ebenfalls in der Astrologie zu finden, jedoch entfalten sie hier andere Nuancen und Bedeutungen in Verbindung mit den jeweiligen Sternzeichen und Planeten.

Ein faszinierender Aspekt der Unterscheidung ist die Rolle der Intuition in der Tarotdeutung versus der Berechnung in der Astrologie. Erfolgreiche Tarotlegungen verlassen sich weitgehend auf die intuitive Einsicht und die Beziehungsgeflechte zwischen den Kartenbildern. Dagegen erfordert die astrologische Analyse präzise Berechnungen von Geburtszeiten und -orten sowie Kenntnisse über planetarische Bewegungen und Aspekte.

Die Unterscheidung dieser Systeme wird zusätzlich durch die Frage herausgefordert, inwieweit astrologische Zuordnungen zu den Tarotkarten vorgenommen werden sollen. Ein berühmtes Beispiel ist die Zuordnung bestimmter Planeten und Tierkreiszeichen zu den Karten der Großen Arkana, wie es von Aleister Crowley und dem Golden Dawn Orden praktiziert wurde. Dabei besteht jedoch die Gefahr, die originäre Bedeutung und die symbolische Autonomie einzelner Karten zu überlagern. Jede übermächtige synthetische Kategorisierung könnte die Vielfalt der Interpretationsmöglichkeiten des Tarot beschränken.

Bei der Verschmelzung von Tarot und Astrologie besteht auch die Herausforderung, die individuellen Wachstumspfade der Fragenden zu respektieren. Während die astrologische Deutung oft mehr analytische Klarheit bietet, um Lebenszyklen vorherzusagen und zu lenken, fordert das Tarot dazu auf, aktuelle emotionale und spirituelle Zustände zu reflektieren und zu transformieren. Es ist nicht nur die Verbindung der Systeme, die Aufmerksamkeit benötigt, sondern auch ihre Unabhängigkeit, um die kreativ-intuitive Freiheit des Tarot zu wahren.

In der Praxis der kombinierten Deutung ist daher Umsicht geboten. Der Deuter sollte klar zwischen astrologischen Prinzipien als universalen kosmischen Kräften und den persönlichen, tiefen Weisheiten des Tarots unterscheiden. Dies erfordert ein empfindliches Gleichgewicht zwischen intuitivem Wissen und analytischem Verständnis. Astrologische Prinzipien können die Tarotdeutung vertiefen, indem sie strukturierten Rahmen geben, doch sollten sie niemals die essenzielle Symbolik beschränken oder verwässern. Dieses Gleichgewicht zu halten, ist letztlich nicht nur eine Herausforderung, sondern eine hohe Kunst.

Um die wahre Kraft beider Systeme zu entfalten, ist es essentiell, die einzigartigen Beiträge, die sie zur Menschenkenntnis leisten, zu würdigen. Nur durch ein bewusstes

Verständnis ihrer Unterschiede und Eigenheiten kann die Vereinigung von Tarot und Astrologie wirklich bereichernd sein, ohne die reiche Symbolik und tiefen Einsichten, die jedes für sich bietet, zu beeinträchtigen.

Persönliche Entwicklung: Selbstreflexion und inneres Wachstum durch Tarot und Astrologie

Die Verbindung von Tarot und Astrologie in der persönlichen Entwicklung

Die faszinierende Kombination aus Tarot und Astrologie bietet Esoterik-Interessierten neue Möglichkeiten für persönliche Entwicklung und Selbstreflexion. Wesentlich für das Verständnis dieser Verbindung ist die Erkenntnis, dass sowohl Tarot als auch Astrologie tief in der symbolischen Sprache verankert sind, die die universellen Archetypen des menschlichen Lebens ausdrücken. Bei ihrer geschickten Zusammenführung entsteht ein mächtiges Werkzeug zur persönlichen Weiterentwicklung, das weit über die Einzelanalyse der beiden Systeme hinausgeht.

In unserer Reise der Selbstentdeckung kann die Integration von Tarot und Astrologie als ein feingestimmtes Resonanzsystem betrachtet werden. Auf der einen Seite steht das Tarot, das uns durch seine bildhaften Darstellungen emotionale und intuitive Einsichten ermöglicht. Jede Karte trägt ein reichhaltiges Spektrum an Bedeutungen, das von der individuellen Intuition und Erfahrung des Einzelnen geprägt wird. Astrologie hingegen bietet eine strukturierte, kosmische Perspektive, durch die wir die größeren Zusammenhänge unseres Lebens verstehen können. Die Verbindung beider Systeme schafft eine einzigartige Synthese - eine Art Dialog zwischen Innen und Außen, zwischen Materiellem und Spirituellem.

Astrologische Einflüsse können im Tarot deutliche Rahmenbedingungen setzen. Wenn wir etwa den persönlichen Geburtschart eines Individuums analysieren, erhalten wir wertvolle Einblicke in die planetaren Einflüsse und die dazugehörigen Lebensbereiche, die möglicherweise im Bewusstsein des Individuums bearbeitet werden müssen. Dabei können Tarotkarten als visuelle Hilfsmittel dienen, um die emotionalen und psychologischen Blockaden in diesen Lebensbereichen zu erkennen und zu lösen. Durch die meditative Betrachtung der Karten im Kontext des Horoskops wird der Zugang zur Subjektivität des eigenen Inneren geschaffen. Diese Methodik ist besonders effektiv, da sie über das traditionelle rationale Denken hinausgeht und dadurch direkt mit dem Unterbewussten kommuniziert.

Besonders im Bereich der Selbstreflexion kann die Verbindung von Tarot und Astrologie die Pfade der Selbsterkenntnis beleuchten. "Der Tarot ist ein Spiegel der Seele", könnte man sagen, während die Astrologie als "Landkarte der Sehnsüchte und Potenziale" fungiert. Gemeinsam laden sie dazu ein, die eigene Existenz aus unterschiedlichen Blickwinkeln zu betrachten, Emotionen und Gedanken kritisch zu hinterfragen und verlorene oder verdrängte Werkzeuge zur persönlichen Weiterentwicklung zu reaktivieren.

Freilich gilt es, bei jeglicher Anwendung dieser Systeme auf eine respektvolle Interpretation der symbiotischen Zeichen zu achten. Jene Astrologen und Kartenleger, die intuitive Deutungen schätzen, bieten oft wertvolle Einsichten, die zur Selbsttransformation anregen können. Es ist jedoch ratsam, stets einen kritischen Standpunkt zu bewahren und die Quellen der eigenen Erkenntnisse regelmäßig selbst zu überprüfen. Die persönliche Entwicklung ist ein fortlaufender, dynamischer Prozess, und durch die bewusste und regelmäßige Anwendung von Tarot und Astrologie kann ein nachhaltiges und tiefes Bewusstsein für die eigenen inneren Schichten geschaffen werden.

Die unten aufgeführten Zitate von philosophischen Denkern und bekannten Mystikern unterstreichen die Tiefe dieser spirituellen Praktiken:

"Das Universum ist voller magischer Dinge, die geduldig darauf warten, dass unsere Sinne schärfer werden." – Eden Phillpotts

"Astrologie ist ein Finger, der auf die Realitäten eines größeren Kosmos zeigt." – Dane Rudhyar

Abschließend kann gesagt werden, dass die synergistische Nutzung von Tarot und Astrologie als Mittel der persönlichen Entwicklung und Selbstreflexion eine wirkungsvolle Methode darstellt. Es kombiniert die intuitive Stärke des Tarot mit den analytischen Möglichkeiten der Astrologie und eröffnet so unzählige Pfade zur Selbsterkenntnis. Diese Verbindung fordert uns auf, tief in unsere inneren Welten zu reisen und die universellen Wahrheiten des Kosmos anzunehmen, um unser höchstes Potential zu entfalten.

Selbstreflexion durch Tarot: Eine Reise ins Innere

Die Selbstreflexion durch Tarot stellt einen wesentlichen Aspekt der persönlichen Entwicklung dar. Diese Methode bietet eine ehrliche und unverfälschte Konfrontation mit den tiefsten Schichten unseres Inneren. Sie ist nicht nur ein Prozess der Selbsterkenntnis, sondern auch ein Werkzeug, um verborgene Muster und Verhaltensweisen ans Licht zu bringen.

Die Tarotkarten dienen als Spiegel der Seele und können helfen, ein Verständnis für die eigene Persönlichkeit, die Ängste, Wünsche und Hoffnungen zu entwickeln. Jede Karte trägt symbolische Bedeutungen, die es ermöglichen, unser Lebensskript auf subtile Weise zu entschlüsseln. Durch den meditativen Einsatz von Tarot wird ein Raum geschaffen, in dem Selbsterkenntnis gefördert und Intuition geschärft werden kann.

Beginnt man eine Sitzung der Selbstreflexion, so ist es entscheidend, sich zunächst Zeit und Raum zu nehmen, um zur Ruhe zu kommen. Eine entspannte und offene Haltung ist notwendig, um die Botschaften der Karten unvoreingenommen empfangen zu können. Ein kühler Kopf ermöglicht es, die Symbole, Farben und Muster der Karten frei von rationaler Analyse auf sich wirken zu lassen.

Die Praxis der Selbstreflexion mit Tarot kann tief transformativ sein. Zu Beginn kann das Ziehen einer Tageskarte hilfreich sein, um sich mit einem spezifischen Aspekt des eigenen Lebens zu beschäftigen. Diese tägliche Übung fordert dazu auf, innezuhalten und auf die inneren Impulse zu hören, die durch die Karten kommuniziert werden. Als Zitat aus dem Buch "*Tarot for Transformation*" von Benebell Wen könnte dienen: "Through the tarot, we are offered a language for the soul, a lexicon of images helping us to define our spiritual contours" (Wen, 2016).

Ein häufig eingesetztes Legesystem zur Selbstreflexion ist das drei-Karten-Legesystem. Jede Karte steht dabei für einen bestimmten zeitlichen Aspekt: Vergangenheit, Gegenwart und Zukunft. Diese Anordnung bietet eine einfache, jedoch tiefgründige Möglichkeit, das eigene Leben im größeren Zusammenhang zu betrachten und zu verstehen, wie gegenwärtige Verhaltensmuster und Entscheidungen durch vergangene Erfahrungen beeinflusst werden.

Eine vertiefte Reflexion erfordert auch das Verständnis, dass Tarot nicht als Vorhersagewerkzeug, sondern mehr als ein Berater am Weg zur Selbsterkenntnis genutzt werden sollte. In gewisser Weise fungieren die Karten als Katalysatoren für das eigene Bewusstsein, die stillen, inneren Stimmen Gehör verschaffen. Sie geben Hinweise darauf, welche Bereiche im Leben vielleicht überdacht oder weiterentwickelt werden sollten.

Ein tiefes Verständnis für die verwendeten Symbole und die eigene Assoziation zu diesen kann den Prozess der Selbstreflexion intensivieren. Die Arbeit mit Tarot ermutigt dazu, nicht nur die offensichtlichen Bedeutungen zu akzeptieren, sondern sich auf die Entfaltung der eigenen inneren Bilderwelt einzulassen, die oft durch Träume und intuitives Wissen widergespiegelt wird.

Letztlich ist die Selbstreflexion durch Tarot ein dynamischer und sich ständig wandelnder Prozess. Jeder neue Durchlauf offenbart weitere Facetten des Selbst, die zuvor im Verborgenen lagen. Mithilfe der Tarotkarten können wir lernen, uns selbst besser zu verstehen und eine tiefere, authentischere Beziehung zu uns selbst zu entwickeln.

Ein weiterer wichtiger Aspekt ist die Integration der Einsichten, die durch Tarot gewonnen wurden, in den Alltag. Diese Erkenntnisse sollten nicht isoliert bleiben, sondern als Anstoß zum bewussten Handeln genutzt werden. Dies führt zu einer harmonischeren Lebensweise, die mit den individuellen Zielen und inneren Überzeugungen im Einklang steht.

Inneres Wachstum mit astrologischen Einblicken

Die astrologischen Prinzipien bieten ein tiefes Reservoir an Erkenntnissen, das uns bei der Entfaltung unseres inneren Potentials unterstützen kann. Durch das Verständnis der planetaren Einflüsse und ihrer Bewegungen in den Tierkreiszeichen und Häusern können wir entscheidende Impulse für unsere persönliche Entwicklung erhalten. Astrologie ermöglicht es uns, die kosmischen Kräfte, die unser Leben beeinflussen, besser zu verstehen und in Einklang mit ihnen zu leben.

Ein zentraler Aspekt des astrologischen Wissens ist das Geburtshoroskop, auch Radix genannt. Dieses einzigartige Diagramm, das auf der genauen Geburtszeit und dem Geburtsort basiert, zeigt die Himmelsanordnung und veranschaulicht die verschiedenen planetaren Positionen zum Zeitpunkt Ihrer Geburt. Jeder Planet, jedes Sternzeichen und jedes Haus steht für unterschiedliche Aspekte unserer Persönlichkeit und unseres Lebensweges. Zum Beispiel symbolisiert die Sonne das Element Feuer und die Essenz unseres Selbst, während der Mond das Element Wasser und das emotionale Innenleben repräsentiert.

Indem wir unser Geburtshoroskop studieren, erhalten wir Einblicke in unsere verborgenen Stärken und Herausforderungen. Dies wirkt wie ein Spiegel, der uns sowohl unsere lichtvollen als auch unsere Schattenseiten zeigt. Der Astrologe und Psychologe Carl Gustav Jung sagte einst: "Die Astrologie repräsentiert das summierte Wissen der alten Psychologie." Diese Aussage verdeutlicht, wie wertvoll astrologische Einsichten auf unserer Reise des inneren Wachstums sein können, indem sie uns helfen, unbewusste Muster ins Bewusstsein zu rücken.

Besonders bedeutsam ist das Verstehen der astrologischen Transite – die aktuellen planetaren Bewegungen im Verhältnis zu den Positionen im Geburtshoroskop. Transite können als Katalysatoren oder Prüfungen fungieren, die tiefgreifende Veränderungen und Transformationen in unserem Leben anstoßen. Zum Beispiel kann ein Saturn-Transit durch das zehnte Haus berufliche Herausforderungen hervorbringen, die neue Verantwortungen oder eine Neuausrichtung erfordern. Pluto-Transite hingegen tendieren dazu, tiefgreifende emotionale Wandlungen herbeizuführen und altes Loszulassen.

Ein weiterer Schlüssel zum inneren Wachstum durch astrologische Erkenntnisse liegt im Studium der astrologischen Häuser. Diese symbolisieren verschiedene Lebensbereiche;

das erste Haus steht für das Selbst und die Persönlichkeit, das siebte für Beziehungen und Partnerschaften. Indem wir verstehen, welche Planeten bestimmte Häuser durchqueren, können wir unsere fokussierten Lebensbereiche besser anpassen und optimieren, um möglichen Herausforderungen zu begegnen und Chancen zu ergreifen.

Während der Anwendung astrologischer Einsichten ist es hilfreich, ein Tagebuch zu führen und die Beobachtungen über transitäre Erlebnisse und persönliche Entwicklungen zu notieren. Reflexionen über die Wechselwirkungen zwischen den planetaren Energien und unseren alltäglichen Erlebnissen fördern die Selbstkenntnis und unterstützen den Prozess des inneren Wachstums.

Um das innere Wachstum weiter zu kultivieren, ist es wichtig, eine regelmäßige Praxis der Meditation und Achtsamkeit zu pflegen. Dabei können Visualisierungstechniken helfen, um die positiven Aspekte der planetaren Energien zu verstärken und integrativ in unser Leben zu integrieren. Literatur von Astrologen wie Liz Greene oder Steven Forrest kann vertiefende Einsichten bieten und die individuelle Reise des Wachstums unterstützen.

Abschließend lässt sich sagen, dass astrologische Einblicke als wertvolles Werkzeug fungieren können, das uns sowohl auf spiritueller als auch auf praktischer Ebene begleitet. Indem wir unser Bewusstsein für die kosmischen Zyklen erweitern, eröffnen wir uns neue Horizonte und Gelegenheit zur Transformation.

Die Rolle der Archetypen: Planeten und Tarotkarten im Einklang

Die Welt der Tarotkarten und der Astrologie sind reich an Symbolen, die über Jahrtausende gepflegt und weitergetragen wurden. Sie bilden ein komplexes Geflecht von Archetypen, die uns tiefgreifende Einsichten in die Struktur unserer Seele und unsere individuelle Reise im Kosmos gewähren. Wenn Tarotkarten in Verbindung mit den planetarischen Archetypen der Astrologie betrachtet werden, entsteht ein harmonisches Wechselspiel, das tieferes Verständnis und Klarheit in der Selbstreflexion fördern kann.

Archetypen, ein Begriff, der besonders durch Carl Jung Berühmtheit erlangt hat, sind fundamentale Urbilder oder Symbole, die in unserem kollektiven Unbewussten verankert sind. In der Astrologie repräsentieren die Planeten sowohl psychologische als auch physische Archetypen, die bestimmte Aspekte des Lebens und unseres Inneren symbolisieren. Die Sonne steht beispielsweise für das bewusste Selbst und das Ego, während der Mond das Unbewusste und die emotionale Innenwelt darstellt.

Im Tarot finden sich diese Archetypen in den 22 großen Arkana-Karten wieder, die universelle Themen und menschliche Erfahrungen widerspiegeln. Die Karte „Der

Magier" könnte als Ausdruck von Merkur gesehen werden, der Kommunikation, Wissen und Geschicklichkeit symbolisiert, während „Die Hohepriesterin" als Lunae, den Mond, darstellt, und auf Intuition und Geheimnisse hindeutet.

Die Verbindung von Tarot-Archetypen mit den planetarischen Kräften ermöglicht es uns, unsere persönliche Entwicklung aus einer tiefgründigeren Perspektive zu betrachten. Indem wir die planetarischen Archetypen im Kontext der Tarotkarten explorieren, entdecken wir Facetten von uns, die uns möglicherweise verborgen waren. Diese Verbindungen fördern unsere Fähigkeit zur Selbstreflexion, indem sie uns helfen, unsere aktuellen Lebensbedingungen und psychologischen Strukturen besser zu verstehen.

Ein tieferes Verständnis dieser Archetypen kann einen Zugang zu verborgenen Potenzialen und Herausforderungen schaffen. Nehmen wir den Planeten Mars — oft angesehen als der Krieger oder Pionier. Mars steht für Energie, Durchsetzungsvermögen und Konflikt, aber auch für Leidenschaft und Initiative. Im Tarot könnte diese Energie mit der Karte „Der Wagen" korrelieren, die für Sieg, Kontrolle und den Willen zum Sieg steht. In der Praxis bedeutet das, dass man durch die Kombination dieser Symbole eine dynamische Bewertung des eigenen Konfliktverhaltens und der Selbstdurchsetzung erhält.

Ein weiteres Beispiel ist Venus, der Inbegriff von Liebe, Schönheit und Harmonie. Diese Planetenenergie findet sich im Tarot vielleicht in „Die Liebenden", eine Karte, die uns zum Nachdenken über unsere Beziehungen und die Balance zwischen innerem und äußerem Seelenfrieden anregt. Dieses Zusammenspiel lässt uns die archetypische Kraft der Liebe in verschiedenen Facetten erkunden und auch, wie wir diese Qualität in unserem täglichen Leben kultivieren können.

In der Praxis kann die Arbeit mit diesen Archetypen durch meditative Praxis, kreative Tagebuchführungen oder geführte Imaginationsreisen vertieft werden. Die Schlüssel liegen in der kontinuierlichen, bewussten Reflexion und Praxis, die es ermöglicht, diese Archetypen in das eigene Leben zu integrieren und bewusst zu erleben, sei es durch die Paarung bestimmter Tarotkarten mit den Planetenaspekten in einem persönlichen Horoskop oder der Ausrichtung von täglichen Affirmationen mit den universellen Prinzipien, die diese Archetypen symbolisieren.

Literaturquellen wie „The Archetypes and The Collective Unconscious" von Carl Jung sowie zeitgenössische esoterische Arbeiten von Autoren wie Liz Greene und Rachel Pollack bieten vertiefendes Wissen zu diesem Thema. Der wertvolle Einsatz dieser Quellen unterstützt und erweitert das persönliche Wachstum durch die kosmische Weisheit, die durch die Verbindung von Tarot und Astrologie ermöglicht wird. Dies legt eine Grundlage für eine reichhaltige, intuitive und transformative Selbstveränderung auf höchst kreative Weise.

Astrologische Mondphasen und ihre Bedeutung im Tarot

Die Mondphasen spielen eine zentrale Rolle in der Astrologie und bieten eine kontinuierlich fließende Energie, die sich stark auf die Deutung von Tarotkarten auswirken kann. Jeder der acht Phasen, von Neumond bis Vollmond und wieder zurück, bringt ihre eigenen einzigartigen Einflüsse mit sich, die durch sorgfältige Interpretation tiefere Einsichten und Perspektiven auf persönlichen Wachstum und Entwicklung erlauben.

Der Neumond markiert den Beginn eines neuen Zyklus und steht symbolisch für Neubeginne, Introspektion und das Pflanzen von Samen für die Zukunft. In dieser Phase ist das Tarot ein kraftvolles Werkzeug für Reflexion und Planung. Karten wie 'Der Narr' oder 'Der Magier' können bei einer Neumondlegung auftauchen und Hinweise auf neue Projekte oder Ideen geben, die es zu kultivieren gilt. Diese Phase lädt dazu ein, still zu werden und die eigenen Intentionen zu erneuern.

Während des zunehmenden Mondes wächst die Energie und damit auch der Antrieb, gesetzte Ziele aktiv zu verfolgen. Eine Tarotdeutung während dieser Phase kann Karten wie 'Der Wagen' oder 'Die Acht der Pentakel' betonen. Diese Karten ermutigen, zielstrebig und zielorientiert zu handeln und Fortschritte in den gesetzten Absichten zu machen.

Der Vollmond, voller Energie und Potenzial, ist ein Höhepunkt im Mondzyklus und symbolisiert Erfüllung und Höhepunkte. Dies ist die Phase, um Erfolge zu feiern und vielleicht auch die Herausforderungen zu erkennen, die noch bewältigt werden müssen. 'Die Welt' oder 'Die Neun der Kelche' könnten in diesem Kontext erscheinen und für Erfüllung, Freude oder das Erreichen eines wichtigen Meilensteins stehen. Zugleich können Schattenseiten sichtbarer werden, was zur Integration und Heilung früherer schmerzhafter Muster beiträgt.

Die darauf folgende abnehmende Mondphase dient der Reflexion und des Loslassens. Hierbei unterstützen Tarotkarten wie 'Der Tod' oder 'Die Sieben der Schwerter', die dazu auffordern, veraltete Muster, toxische Beziehungen oder negative Gedankenstrukturen loszulassen. Diese Phase lädt dazu ein, sich von allem zu befreien, das nicht länger dienlich ist und Platz für neue Erfahrungen zu schaffen.

In der Triptychon-Darstellung der Mondphasen - Neumond, Vollmond und Dunkelmond - spiegelt sich eine tiefe Symbolik menschlichen Erlebens wider. Diese zyklische Bewegung spiegelt das ewige Auf und Ab unserer inneren

Welt wider, unsere ständigen Übergänge von Hoffnung zu Erfüllung hin zu introspektiven Rückblicken. Dieses Verständnis erleichtert das Erkennen persönlicher Rhythmen und kann als Kompass dienen, um Mentales und Emotionales zu harmonisieren.

Laut der Astrologin Dane Rudhyar symbolisieren die Mondphasen den individuellen inneren Prozess, durch den man seine Persönlichkeit entwickelt ("Astrological Insights into the Lunar Cycle", Rudhyar, 1971). Diese zyklische Natur der Psychologie des Menschen verleiht dem Tarot eine zusätzliche Dimension der Tiefe, die man geschickt nutzen kann, um persönliche Entwicklungen zu verstehen und aktiv voranzutreiben.

Die Verknüpfung von tarotischen und astrologischen Einsichten, insbesondere durch die Linse der Mondphasen, ermöglicht es, die Kreisläufe des Lebens zu betrachten und in ihnen eine tiefere Bedeutung zu finden. Letztlich können die Mondphasen im Tarot als kraftvolle Werkzeuge fungieren, die unser Verständnis von Zeit und Entwicklung in unserem persönlichen und spirituellen Leben erweitern. Das bewusste Arbeiten mit diesen Phasen unterstützt nicht nur die zielgerichtete Introspektion, sondern fördert auch ein tiefes Verständnis dafür, wie man in Harmonie mit den kosmischen Rhythmen leben kann.

Die astrologischen Häuser und ihre Entsprechungen im Tarot

Die faszinierende Welt der Astrologie bietet einen reichen Schatz von zwölf Häusern, die jeweils spezifische Aspekte unseres Lebens repräsentieren. Diese astrologischen Häuser können eine tiefgehende Verbindung mit den Archetypen und Symboliken der Tarotkarten eingehen. Bei einer solchen Verbindung entsteht ein kraftvolles Instrument zur Selbstreflexion und zur Vertiefung des inneren Wachstums.

Jedes der zwölf astrologischen Häuser steht für einen Bereich des Lebens, von der Persönlichkeit und dem Selbstbild bis hin zu sozialen Beziehungen und spirituellen Entdeckungen. Der Tarot, mit seinen 78 Karten, bietet für viele dieser Lebensbereiche passende symbolische Entsprechungen, die bei persönlicher Entwicklung und Selbsterkenntnis Anwendung finden.

Das Erste Haus - Das Haus des Selbst: Das erste Haus, oft als Aszendent oder "Haus des Ichs" bezeichnet, steht für persönliches Auftreten und die Selbstdarstellung. Die Tarotkarte, die diesem Haus entspricht, ist der Magier. Der Magier repräsentiert die Beherrschung der Elemente und Fähigkeiten, mit denen wir unsere Identität formen und unseren Lebensweg gestalten. Diese Karte lädt dazu ein, die eigenen Potenziale zu erkennen und aktiv zu nutzen.

Das Zweite Haus - Das Haus der Werte: In diesem Haus geht es um Finanzen, Besitz und persönliche Werte. Die irdische Natur dieses Hauses entspricht der Tarotkarte der Münzen (bzw. Scheiben). Diese Karte erinnert daran, die eigenen Ressourcen weise einzusetzen und materielle sowie immaterielle Werte zu schätzen und zu schützen.

Das Dritte Haus - Das Haus der Kommunikation: Kommunikation, Lernen und unmittelbares Umfeld werden hier thematisiert. Der Bube der Schwerter aus dem Tarot, mit seinem messerscharfen Verstand und seiner Neugierde, symbolisiert die Energie dieses Hauses. Er ermutigt dazu, Gedanken klar auszudrücken und Neues zu erkunden.

Das Vierte Haus - Das Haus der Familie und Heimat: Heimatverbundenheit und der Ursprung sind die zentralen Themen dieses Hauses. Die Karte "Die Hohepriesterin", mit ihrer tiefen Verbindung zu Intuition und innerem Wissen, spiegelt die Verborgenheit und den Schutz wider, den die eigenen Wurzeln bieten.

Das Fünfte Haus - Das Haus der Kreativität und Freude: Dieses Haus beschäftigt sich mit Vergnügen, Kreativität und Romantik. Die Karte "Die Sonne" des Tarot repräsentiert die Lebensfreude und das kreative Erblühen, die dieses

Haus inspiriert. Sie motiviert, Leidenschaften frei auszudrücken und das innere Kind zu nähren.

Das Sechste Haus - Das Haus der Arbeit und Gesundheit: Hier stehen Routine, Gesundheit und tägliche Arbeit im Fokus. Die Acht der Münzen, eine Karte des Fleißes und der Hingabe, spiegelt den Geist dieses Hauses wider. Sie ermutigt, mit Sorgfalt und Engagement alltäglichen Aufgaben zu begegnen.

Das Siebte Haus - Das Haus der Partnerschaften: Eingerahmt von Beziehungen und Partnerschaften, findet dieses Haus seine Entsprechung im Liebenden. Diese Karte symbolisiert den Wert von Harmonie und Gleichgewicht in zwischenmenschlichen Beziehungen und ruft dazu auf, Verbindung und Balance zu finden.

Das Achte Haus - Das Haus der Transformation und Krise: Themen der Veränderung, des Endens und Neubeginns werden im achten Haus behandelt. Der Tod im Tarot, eine Karte der Wandlung und des Übergangs, ist dem achten Haus gewidmet. Sie erinnert daran, dass Veränderung der Schlüssel zur Erneuerung ist.

Das Neunte Haus - Das Haus der Philosophie und Reise: Philosophische Erkenntnisse und Fernreisen kennzeichnen dieses Haus. "Das Rad des Schicksals" aus dem Tarot steht für die sich ständig wandelnden Zyklen und spirituellen Reisen, die zur persönlichen Weisheit führen.

Das Zehnte Haus - Beruf und öffentliche Rolle: Dieses Haus beschreibt Karriere und gesellschaftlichen Status. Die Karte "Der Herrscher" spiegelt Verantwortungsbewusstsein und Führungsfähigkeit wider und betont die Bedeutung von Struktur und öffentlichem Engagement.

Das Elfte Haus - Das Haus der Freundschaft und Visionen: Gemeinsame Ziele und soziale Netzwerke sind in diesem Haus angesiedelt. Die sechs Münzen als Entsprechung betont den Ausgleich zwischen Geben und Nehmen in freundschaftlichen Beziehungen und den Wert von Gemeinschaft.

Das Zwölfte Haus - Das Haus des Unterbewusstseins und der Spiritualität: Dies ist das Haus der Mystik und des Rückzugs. Der Eremit, eine Tarotkarte, die Introspektion und das Streben nach innerer Wahrheit repräsentiert, mahnt zur Selbstbeobachtung und zum spirituellen Wachstum.

Die Verknüpfung der astrologischen Häuser mit entsprechenden Tarotkarten ermöglicht es, komplexe Lebensbereiche zu entschlüsseln und ein tiefes Verständnis für persönliche Entwicklungsprozesse zu erlangen. Indem wir die symbolischen Bedeutungen beider esoterischen Systeme miteinander vereinen, öffnen wir uns für eine ganzheitliche

Erkundung unseres Seins und fördern die spirituelle Transformation.

Praktische Übungen: Tagebuchführung mit Tarot und Horoskop

Die Verbindung von Tarot und Astrologie bietet eine einzigartige Möglichkeit zur Selbstreflexion und zum inneren Wachstum. Durch die täglichen Praktiken des Tagebuchführens mit Tarotkarten und astrologischen Horoskopen kann man diese tiefgehenden Einsichten in eine strukturierte und wiederholbare Praxis integrieren. Diese Methode dient dazu, eine persönliche spirituelle Landkarte zu entwickeln, die den individuellen Wachstumsprozess unterstützt und dokumentiert.

1. Die Bedeutung der Tagebuchführung

Tagebuchführung ist ein bewährtes Werkzeug zur Selbstreflexion, das weit über das bloße Aufzeichnen von Erlebnissen hinausgeht. Wenn es mit Tarot und Astrologie kombiniert wird, kann es transformierende Einblicke in tiefere Bewusstseinsschichten ermöglichen. Marie von Ebner-Eschenbach sagte einst: „Wer wünscht, der kann, wer wagt, der hat." Mit einem Tagebuch, das Gedanken, Gefühle und Kartenlesungen sowie astrologische Transite dokumentiert, wagen wir uns tiefer in das Verständnis unserer selbst und unserer kosmischen Verbindungen.

2. Vorbereitung auf die Tagebuchpraxis

Für die Kombination von Tarot und Astrologie im Tagebuch benötigen Sie ein Notizbuch, Ihr bevorzugtes Tarotdeck und verlässliche astrologische Ressourcen, um Horoskope und Transite zu beziehen. Wählen Sie eine ruhige Zeit am Tag für Ihre Praxis, bei der Sie nicht gestört werden. Ritualisieren Sie diesen Prozess, indem Sie stets zur gleichen Zeit und am gleichen Ort schreiben, um eine Routine zu etablieren, die auf das innere Bewusstsein ausgerichtet ist.

3. Die Integration von Tarotkarten

Beginnen Sie Ihren Tagebucheintrag mit der Ziehung einer Tarotkarte. Notieren Sie, welche Karte gezogen wurde, und reflektieren Sie über ihre Bedeutung in Ihrem aktuellen Leben. Fragen Sie sich: Welche Botschaft hat diese Karte für den heutigen Tag? Welche Aspekte meines Lebens erfordert besondere Aufmerksamkeit? Was kann ich aus den Symbolen und der Interpretation der Karte lernen?

4. Astrologische Reflexion

Neben der Tarotkarte integrieren Sie Ihr Tageshoroskop in den Tagebucheintrag. Untersuchen Sie die aktuellen planetarischen Transite und ihre Auswirkungen auf Ihr Geburtshoroskop. Fragen Sie, welche astrologischen Energien Sie heute beeinflussen und wie sie sich mit der gezogenen Karte verbinden lassen. Zum Beispiel könnte ein Mars-Transit Aktivität oder Konflikte anzeigen. In Kombination mit der gezogenen Karte kann dies eine tiefere Verständnisebene eröffnen.

5. Synthese und Schlussfolgerung

Schließen Sie Ihren Eintrag mit einer Synthese der gewonnenen Erkenntnisse ab. Welche gemeinsamen Themen haben sich in der Tarotkarte und der astrologischen Analyse gezeigt? Welche Handlungen oder Entscheidungen könnten aus diesen Einsichten folgen? Dokumentieren Sie Ihren emotionalen und mentalen Zustand, um Ihr tägliches Wachstum zu überwachen.

6. Die fortlaufende Praxis

Die Kraft der Tagebuchführung liegt in ihrer Kontinuität. Durch das regelmäßige Aufzeichnen und Reflektieren über Tarotkarten und astrologische Einsichten entwickeln Sie mit der Zeit eine tiefere Selbstkenntnis und können positive Lebensveränderungen fördern. Verwenden Sie Ihr Tagebuch auch als Referenz, um zu früheren Einträgen zurückzukehren und Muster in Ihrer persönlichen Entwicklung zu erkennen.

Durch die bewusste Praxis des Tagebuchführens mit Tarot und Astrologie schaffen Sie einen Raum für ständige Einsicht und Wachstum. Diese Form der Dokumentation und

Reflexion ermächtigt Sie, nicht nur passiv zu empfangen, sondern aktiv am eigenen Entwicklungsprozess teilzunehmen; es wird eine Brücke zu den universellen Kräften, die in und um uns wirken.

Bewusste Lebensführung: Entscheidungen mit Tarot und astrologischer Unterstützung

In den heutigen schnelllebigen Zeiten wird es immer wichtiger, sich nicht nur auf das äußere Geschehen zu konzentrieren, sondern auch auf die inneren Prozesse, die unser Leben maßgeblich beeinflussen. Zwei der mächtigsten Werkzeuge, die uns bei dieser bewussten Lebensführung unterstützen können, sind Tarot und Astrologie. Diese beiden Methoden ergänzen sich auf wunderbare Weise und bilden eine symbiotische Beziehung, die tiefere Einsichten und unterstützende Impulse für fundierte Entscheidungen ermöglicht.

Die bewusste Lebensführung beginnt mit der Selbsterkenntnis. Tarotkarten fungieren hierbei als ein Spiegel, der unser inneres Selbst reflektiert. Jede Karte trägt eine Vielzahl von Bedeutungen, die sich auf differenzierte Lebenssituationen anwenden lassen. Der Einsatz von Tarot erfordert Intuition und die Bereitschaft, sich den symbolisch dargestellten Themen zu öffnen. So können wir beispielsweise bei einer Entscheidung nicht nur die offensichtlichen Wege betrachten, sondern auch die subtilen Energien, die die Tarotbilder transportieren. Ein Erkenntnisprozess, der es uns ermöglicht, die Tiefen unserer Persönlichkeit zu erforschen und neue Perspektiven zu eröffnen.

Während das Tarot unsere innere Bilderwelt beleuchtet, ergänzt die Astrologie diese Erkenntnisse durch das Einbringen kosmischer Zyklen und Energien. Astrologische Transite, die Verschiebungen der Planeten durch die Tierkreiszeichen, reflektieren äußere Energien und Tendenzen, die auf unsere Lebensentscheidungen einwirken. Zum Beispiel kann ein Pluto-Transit enorme Transformationen in unserem Leben anzeigen, während ein Jupiter-Transit Wachstum und Expansion verspricht. Diese Einflüsse helfen uns, unsere Entscheidungsmöglichkeiten in einem größeren, kosmischen Rahmen zu erkennen und zu verstehen.

Besonders hilfreich ist die Kombination aus beiden Disziplinen, wenn es um anstehende Entscheidungen in unserem Alltag geht. Ein Tarot-Consulting kann aufdecken, was wirklich im Inneren vorgeht, während ein astrologisches Horoskop hilft, die äußeren Einflüsse und Zeitqualitäten besser zu verstehen. Ein Beispiel dafür ist die Wahl eines neuen beruflichen Weges. Hierbei könnte das Tarot Hinweise darauf geben, welche verborgenen Wünsche oder Ängste mit dieser Entscheidung verbunden sind. Gleichzeitig könnte eine astrologische Beratung offenbaren, wann die energetisch günstigste Zeit für einen beruflichen Wechsel ansteht.

Eine besondere Stärke der astrologischen Unterstützung bei Entscheidungen liegt in der Analyse der persönlichen Geburtskarte, auch als Radix bekannt. Diese Karte zeigt individuelle Herausforderungen und Stärken auf, die bei

Entscheidungsprozessen berücksichtigt werden sollten. In Kombination mit den Einsichten aus dem Tarot bieten sich aufschlussreiche Möglichkeiten, die bewusste Lebensführung zu optimieren. So kann ein Mensch mit starken Wasserelementen in seiner Radix anders auf emotionale Herausforderungen reagieren als jemand, dessen Feuerelement betont ist. Solche Informationen sind im Entscheidungsprozess von unschätzbarem Wert, da sie Bewusstsein über die eigene Anlage und deren Einfluss auf die Lebensgestaltung schaffen.

Für die bewusste Lebensführung ist es auch wichtig, Rituale in den Alltag zu integrieren. Diese helfen dabei, die Kraft der Kosmos-Deutungssysteme zu verankern. Ein solches Ritual könnte ein morgendliches Ziehen einer Tarotkarte sein, deren Energie den Tag begleiten soll, ergänzt durch einen Blick auf den astrologischen Stand der Dinge. Dieses Ritual schafft nicht nur Bewusstsein, sondern auch ein tiefes Vertrauen in den kosmischen Plan.

Zusammenfassend lässt sich sagen, dass die Bewusste Lebensführung mithilfe von Tarot und Astrologie die Fähigkeit entwickelt, Entscheidungen nicht nur rational zu betrachten, sondern auch die emotionalen und energetischen Dimensionen einzubeziehen. Es geht darum, ein harmonisches Leben in Übereinstimmung mit den eigenen inneren Überzeugungen, Werten und Zielen zu führen. Mithilfe dieser Werkzeuge kann man letztlich tiefere Einsichten erlangen und Entscheidungen treffen, die nicht nur wohlinformiert, sondern auch im Einklang mit dem eigenen Sein sind.

Zitierte Literatur und Quellennachweise:
Smith, P.: *Die symbolische Reise des Tarots*. Berlin, 2017.
Jones, A.: *Astrologie: Der kosmische Einfluss*. München,

2019.

Selbstvergebung und Heilung durch Tarot und astrologische Aspekte

Selbstvergebung und Heilung sind zentrale Themen im Leben vieler Menschen, die sich auf eine Reise der inneren Erkundung begeben. Tarot und Astrologie bieten uns einzigartige Möglichkeiten, diese Reise zu unterstützen. Die Kombination dieser beiden Praktiken kann nicht nur tiefere Einsichten in unsere seelische Verfassung gewähren, sondern uns auch Werkzeuge zur Verfügung stellen, um innere Blockaden zu lösen und persönliche Transformation zu fördern.

Tarot als Instrument der Introspektion funktioniert durch die symbolische Sprache der Karten, die uns dazu anregt, unsere inneren Konflikte und unbewussten Muster zu enthüllen. Der Prozess der Zeichendeutung kann oft ungeahnte Emotionen und Empfindungen an die Oberfläche bringen. Eine Karte wie die *Fünf der Kelche* etwa kann Gefühle von Trauer und Verlust symbolisieren, die durch den bewussten Akt der Vergebung erleichtert werden müssen.

In der Astrologie spiegeln Planeten und ihre Konstellationen Widerstände und Energien wider, die unser Verständnis von uns selbst beeinflussen. Der Einfluss eines rückläufigen Merkur, bekannt für Kommunikationsstörungen, kann einen klaren Blick für notwendige Konversationen innerhalb von uns selbst schaffen. Wenn Merkur den Fokus auf Vergangenes lenkt, ist es die ideale Zeit, sich mit alten Verletzungen zu befassen und durch den Akt der Selbstvergebung zu heilen.

Indem Tarotkarten mit spezifischen Planeten oder Transiten in Verbindung gebracht werden, stärkt sich die Fähigkeit zur Selbstvergebung. Ein rückläufiger Venus Transit kann in Verbindung mit der *Herrscherin*-Karte eine kraftvolle Methode darstellen, sich mit vergangenen Liebesangelegenheiten auszusöhnen. Hierbei unterstützt der archetypische Charakter der Venus die Entwicklung von Selbstliebe und Akzeptanz. Ungeachtet früherer Fehler oder Enttäuschungen ist der Prozess der Vergebung essentiell für weiteres Wachstum.

Die Reise der Selbstvergebung erfordert darüber hinaus das Verständnis und die Integration astrologischer Häuser. Das zwölfte Haus, das oft als das Haus der Geheimnisse und des Unterbewussten bezeichnet wird, kann entscheidend zur Heilung beitragen. Die Verbindung der *Mondkarte* mit diesem Haus lädt dazu ein, das Unbekannte zu erforschen und verborgene Wahrheiten anzuerkennen, wodurch eine erweiterte Selbsterkenntnis erreicht werden kann.

In der Praxis kann das Gestalten eines täglichen Rituals hilfreich sein, um Empfindungen hinsichtlich vergangener Erfahrungen und Fehltritte aufzuarbeiten. Dies kann das Ziehen einer Tageskarte oder die bewusste Meditation über die aktuelle astrologische Konstellation umfassen. Die daraus resultierenden Erkenntnisse können in einem persönlichen Journal festgehalten und reflektiert werden, um den fortwährenden Prozess der Heilung zu unterstützen.

Der Weg zur Selbstvergebung durch Tarot und Astrologie ist keine lineare Reise, sondern eine zyklische Annäherung an das Selbst, vergleichbar mit den Phasen des Mondes oder den Bewegungen der Planeten. Dieses intuitive Zusammenspiel der kosmischen Kräfte mit unseren psychologischen Strukturen birgt das Potenzial, tiefste Wunden zu heilen und neue Ebenen der Selbsterkenntnis zu erreichen. Ein solcher Weg wird von den Tarotkarten und der Astrologie nicht nur erleuchtet, sondern auch im Lichte ihrer Weisheit geführt.

Meditationstechniken: Harmonisierung von Tarot und astrologischen Energien

In der heutigen Welt der Hektik und ständigen Ablenkung suchen viele Menschen nach Wegen, um inneren Frieden und Klarheit zu finden. Meditation ist seit Jahrhunderten als wirkungsvolles Werkzeug anerkannt, das den Geist beruhigt und den Kontakt zu unserem inneren Selbst vertieft. In der Verbindung mit Tarot und Astrologie kann Meditation jedoch zu einem noch kraftvolleren Mittel werden, um die Energien beider Praktiken zu harmonisieren und tiefere Einsichten zu gewinnen.

Die Kunst der Meditation liegt in der Fähigkeit, einen Zustand der inneren Ruhe zu erreichen, der es ermöglicht, dass die symbolischen und astrologischen Mitteilungen klarer wahrgenommen werden können. Die Verbindung zwischen Tarot und Astrologie verstärkt diesen Prozess, indem sie den Fokus und die Absicht der Meditation auf spezifische Themen oder Fragestellungen lenkt.

Kombination von Tarot und Astrologiemeditation

Eine wirksame Methode, um Tarot und Astrologie in der Meditation zu integrieren, ist die Vorbereitung eines entsprechenden Meditationsraumes. Beginnen Sie, indem Sie einen ruhigen und störungsfreien Platz schaffen, an dem Sie sich wohlfühlen. Platzieren Sie eine ausgewählte Tarotkarte und eine Darstellung des astrologischen Symbols oder Planeten, der Ihre Frage oder Ihr Thema beherrscht. Die Tarotkarte stellt das spezifische Thema oder die Energie dar, die Sie erkunden möchten, während das astrologische Symbol Ihnen hilft, den kosmischen Kontext zu verstehen.

Die Wahl der Tarotkarte sollte auf der Intuition und den persönlichen Erfahrungen basieren. Beispielsweise kann die Karte „Der Eremit" in Verbindung mit dem Zeichen Jungfrau auf das Bedürfnis nach introspektiver Analyse und die Suche nach Wahrheit hinweisen. Auf diese Weise eröffnet die Kombination aus Tarot und Astrologie eine Vielzahl von sensiblen Einsichten in Bezug auf persönliche Herausforderungen und Wachstumschancen.

Das Atmen als Verbindungsinstrument

Ein entscheidendes Element der Meditation ist die Atmung. Fokussierte Atemübungen helfen, den Geist zu klären und eine tiefere Verbindung mit den symbolischen Energien herzustellen. Beginnen Sie Ihre Meditation mit tiefem, kontrolliertem Atmen, um das Herz zu beruhigen und Körper und Geist in Einklang zu bringen. Visualisieren Sie, wie Sie mit jedem Einatmen kosmische Energie in sich aufnehmen, und lassen Sie beim Ausatmen alle Ablenkungen los, die sich Ihnen entgegenstellen.

Während des meditativen Prozesses kann man sich auf die Schwingungen des traditionellen Planeten oder der Tarotkarte konzentrieren, um eine Brücke zwischen den planetarischen Energien und den symbolischen Bedeutungen zu schlagen.

Der Prozess der Introspektion

In der Meditation bietet sich die Gelegenheit, alte Muster loszulassen und die Aspekte zu umarmen, die für persönliches Wachstum und spirituelle Erfüllung entscheidend sind. Es ist hilfreich, einen Zustand erhöhter Introspektion zu fördern, in dem tiefere Einsichten fokussiert integriert werden können. Eine wiederkehrende Frage sollte sein:

"Was sagt mir diese Verbindung über meinen gegenwärtigen Weg?" Seien Sie offen für neue Botschaften und Symbole, die sich während der Meditation offenbaren, da diese oft die Schlüssel für tieferes Verständnis sind.

Nehmen Sie sich die Zeit, um die Botschaften, die Sie erhalten, zu reflektieren. Dies kann durch das Führen eines spirituellen Tagebuchs geschehen, in dem Gedanken, Gefühle und Signale festgehalten werden. Diese Praxis des Schreibens hilft nicht nur bei der Verarbeitung und Absorption der Informationen, sondern fördert auch den kontinuierlichen persönlichen Fortschritt.

Die Rolle der Intuition

Die Meditation mit Tarot und Astrologie ist auch ein Prozess, bei dem Ihre Intuition stark einbezogen wird. Indem Sie auf Ihren inneren Dialog hören und sich von der Weisheit Ihrer Intuition leiten lassen, werden Sie in der Lage sein, die tieferen Wahrheiten zu erhören, die von den Karten und den Sternen kommuniziert werden.

Die Entwicklung intuitiver Fähigkeiten während der Meditation kann über Zeit ein wichtiges Instrument für die harmonische Nutzung der Tarot- und Astrologieenergien werden. Vertrauen Sie darauf, dass Ihre innere Stimme die Wahrheit spricht und Ihnen den Weg zur Klarheit weist.

Zitate und Quellen

Die Kombination von Meditation, Tarot und Astrologie ist keine neue Idee. Wie der berühmte Astrologe Dane Rudhyar einst sagte: "Astrology is a language. If you understand this language, the sky speaks to you." Diese Verbindung von Sprache und Symbole wird durch die Meditation erlebbar und ermöglicht eine Kommunikation mit den kosmischen Kräften auf einer tiefen, intuitiven Ebene.

Die Praxis der Meditation ist vielseitig und individuell. Die Verbindung mit Tarot und Astrologie kann Ihnen dabei helfen, sich in einer sich ständig verändernden Welt zu zentrieren und tiefere Einsichten in Ihre eigene Entwicklung zu gewinnen. Durch Beständigkeit und Hingabe öffnet sich die Tür zu einer harmonischen Verbindung mit den universalen Energien.

Weiterführende Literatur, die Ihnen helfen kann, diese Praktiken zu vertiefen, umfasst Werke wie "The Tarot and Astrology Handbook" von Corrine Kenner, das umfassende Anleitungen zur Integration dieser beiden esoterischen Kunstformen in der Meditation bietet.

Praktische Anwendungen: Legesysteme und astrologische Transite im Einklang

Einführung in die praktische Anwendung von Tarot und Astrologie

In der schnelllebigen Welt der Esoterik-Interessierten hat die kombinierte Anwendung von Tarot und Astrologie eine bemerkenswerte Beliebtheit erlangt. Während beide Disziplinen eigenständige, tiefgründige Systeme sind, bietet ihre Vereinigung eine umfassendere und dynamischere Möglichkeit, Einblicke zu gewinnen. In diesem Unterkapitel möchten wir die praktische Anwendung dieser Methoden erkunden und Ihnen dabei helfen, diese Kunst der Deutung für Ihre persönliche Entwicklung zu nutzen.

Tarot und Astrologie sind auf den ersten Blick unterschiedliche Disziplinen. Tarot besteht aus einem 78-Karten-Deck, das in die Große Arkana und die Kleine Arkana unterteilt ist. Jede Karte enthält Symbolik und Archetypen, die in Deutungen verwendet werden können. Astrologie hingegen verwendet das komplexe Netz von Sternzeichen, Planeten und Häusern, um menschliche Erfahrungen innerhalb eines kosmischen Rahmens zu analysieren. Der Schlüssel zur effektiven Integration dieser beiden Systeme liegt in der

Kombination ihrer jeweils einzigartigen Perspektiven, um zu einer ganzheitlicheren Sichtweise zu gelangen.

Zu Beginn der praktischen Anwendung ist es wichtig, die grundlegenden Elemente sowohl im Tarot als auch in der Astrologie zu verstehen. Wichtige Tarotkarten, insbesondere jene der Großen Arkana, können bestimmten astrologischen Archetypen zugeordnet werden. So entspricht beispielsweise die Karte "Der Magier" dem Planeten Merkur, der in der Astrologie für Kommunikation, Intellekt und Geschicklichkeit steht. Solche Entsprechungen helfen, die Deutungen der Karten präziser zu gestalten und sie in einen astrologischen Kontext einzuordnen.

Ebenso wesentlich ist das Verständnis der astrologischen Transite. Transite sind Bewegungen von Planeten am Himmel, die sich auf die Planeten in unserem Geburtshoroskop auswirken. Diese können tägliche, wöchentliche oder monatliche Energien und Themen im Leben einer Person beeinflussen. Daher kann die Kenntnis darüber, welche Transite aktuell sind oder bevorstehen, wertvolle Kontextinformationen für Tarot-Legungen bieten.

Bei der praktischen Anwendung beginnt man mit der Auswahl eines geeigneten Legesystems, das zur Frage oder dem Thema passt. Ein einfaches, aber effektives Legesystem ist das Drei-Karten-Legesystem, bei dem die erste Karte die

Vergangenheit, die zweite die Gegenwart und die dritte die Zukunft repräsentiert. Dieses eignet sich besonders gut für den Einstieg in die Kombination mit astrologischen Transiten, da es klare Schwerpunkte setzt.

Zum Beispiel könnte während eines Venus-Retrogrades, das häufig mit Themen der Liebe und Beziehungen verbunden ist, das Drei-Karten-Legesystem verwendet werden, um Einblicke in die Dynamik einer Beziehung zu erhalten, die möglicherweise auf vergangene Konflikte (Vergangenheit), aktuelle Herausforderungen (Gegenwart) sowie mögliche Lösungswege (Zukunft) hinweist. Hierbei können die Änderungen im Verhalten oder den Gefühlen der Beteiligten durch die Wirkung des Venus-Rücklaufs intensiviert dargestellt werden.

Ein weiterer wesentlicher Aspekt ist die Verbindung von intuitiven Einsichten mit strukturierten Interpretationen. Intuition spielt im Tarot eine zentrale Rolle, da sie den Leserinnen und Lesern erlaubt, über die traditionellen Bedeutungen der Karten hinaus persönliche und spezifische Einsichten zu erlangen. Astrologie bietet eine klare Struktur, die durch die Objektivität der planetaren Bewegungen und deren Bedeutung gekennzeichnet ist. Diese Kombination aus Intuition und Struktur erlaubt es, sowohl flexible als auch fundierte Antworten auf komplexe Fragen zu bieten.

Abschließend sei angemerkt, dass die synergetische Anwendung von Tarot und Astrologie eine kraftvolle Methode darstellt, tiefere Einsichten in das persönliche Leben und die Fortentwicklung zu gewinnen. Diskutieren Sie Ihre Erkenntnisse idealerweise in einem esoterischen Seminar oder in einer Gruppe Gleichgesinnter, um verschiedene Perspektiven einzubeziehen und Ihre Fähigkeiten weiter auszubauen. Die Annäherung an diese Praktiken mit Neugierde und Offenheit eröffnet nicht nur neue Wege zur Selbsterkenntnis, sondern fördert auch ein tieferes Verständnis der umgebenden kosmischen Energien.

Grundlagen astrologischer Transite: Ein kurzer Überblick

Astrologische Transite stellen eine faszinierende Möglichkeit dar, die dynamischen Energien des Universums zu beobachten und zu verstehen, wie sie sich auf unser tägliches Leben auswirken. Sie symbolisieren die Bewegung der Planeten durch die zwölf Häuser des Horoskops und ihre Wechselwirkungen mit den Planetenpositionen in Geburtshoroskopen. Diese Himmelsereignisse bieten nicht nur Einblicke in persönliche Zyklen, sondern ermöglichen es auch, zukünftige Entwicklungen abzuschätzen und sich auf Herausforderungen oder Chancen vorzubereiten.

Der Begriff "Transit" bezieht sich auf die aktuelle planetare Position am Himmel und deren Beziehung zu den Geburtspositionen. Dies bedeutet, dass die Transite jene Aspekte hervorheben, die entweder harmonisch oder herausfordernd wirken können. Ein bedeutendes Beispiel ist der berühmte Saturn-Transit, der oft als Zeit der Reife, Verantwortung und Prüfung wahrgenommen wird. Wie Liz Greene, eine prominente Astrologin, anmerkt: „Saturn-Transite sind wie ein Prüfungszeitraum im Leben, in dem wir durch Konfrontationen und Herausforderungen wachsen können."

Transite können in mehrere Kategorien eingeteilt werden – schnelle und langsame Transite. Schnelle Transite sind jene der inneren Planeten wie Merkur, Venus und Mars, die tendenziell kurzfristige, aber oft intensive Auswirkungen zeigen. Eine Venus-Konstellation könnte beispielsweise kurzfristig romantische Möglichkeiten eröffnen oder kreative Blockaden lösen.

Langsame Transite hingegen, die mit Planeten wie Jupiter, Saturn, Uranus, Neptun und Pluto verbunden sind, können tiefgreifende Transformationen und Entwicklungen ankündigen. Diese Transite wirken länger und tragen oft zu grundlegenden Veränderungen im persönlichen und spirituellen Bereich bei. Der Pluto-Transit, bekannt für seine tiefgreifend transformierende Kraft, wird oft mit einer Art „Stirb und Werde"-Erfahrung verglichen, bei der alte Muster abgebaut werden, um Platz für Neues zu schaffen.

In der praktischen Anwendung eines astrologischen Deutungssystems ist das Verständnis der Transite von entscheidender Bedeutung. Jede Veränderung am Himmel kann als

Anstoß für Entwicklung gedeutet werden, ähnlich wie Tarotkarten, die Momentaufnahmen der inneren und äußeren
Gegebenheiten darstellen. Astrologische Transite stärken
die Reflexion darüber, welche Einflüsse auf unser Sein einwirken und welchen Kurs wir für unser zukünftiges Handeln wählen können.

Transite versetzen uns in die Lage, den Rhythmus des Lebens bewusster wahrzunehmen und in Harmonie mit den
kosmischen Kräften zu handeln. Sie lehren uns Geduld und
das Vertrauen in den universellen Plan. Wie Dane Rudhyar
treffend formuliert: "Astrologie ist die Wissenschaft der umfassenden Bedeutung hinter allen Erscheinungen, und indem sie uns unser inneres Selbst offenbart, hilft sie uns, zum
bewussten Architekten unserer eigenen Evolution zu werden."

Während die Transite uns ermutigen, Änderungen zu akzeptieren und daran zu wachsen, erfordert ihre Interpretation auch ein gewisses Maß an Flexibilität und Offenheit.
Wenn man die Wirkungsweise von Transiten im Tarot betrachtet, sieht man, wie diese zwei beeindruckenden Werkzeuge gemeinsam genutzt eine tiefere Einsicht und Orientierung bieten können. Indem sie das intuitive Wissen des
Tarot mit der strukturellen Analyse der Astrologie verbinden, bieten sie eine ganzheitliche Perspektive auf spirituelle
und persönliche Belange.

Die Wahl des passenden Legesystems: Kriterien und Empfehlungen

Die Wahl des passenden Legesystems ist ein entscheidender Schritt für jeden, der den Tarot und das astrologische Verständnis gemeinsam nutzen möchte. Ein gut gewähltes Legesystem kann komplexe Fragestellungen klären und Einsichten vermitteln, die weit über oberflächliche Deutungen hinausgehen. Diese Wahl hängt von mehreren Faktoren ab, die in diesem Abschnitt näher beleuchtet werden sollen.

Der Einfluss der Fragestellung

Die Natur der gestellten Frage ist ein entscheidendes Kriterium bei der Wahl des Legesystems. Grundsätzlich ist zu beachten, dass sich verschiedene Legesysteme besser für bestimmte Kategorien von Fragen eignen. Esoterische Traditionen haben eine Vielzahl von Legesystemen hervorgebracht, die jeweils ihren spezifischen Fokus haben. Zum Beispiel eignet sich das "Keltische Kreuz" hervorragend für allgemeine und tiefgehende Persönlichkeitsanalysen, während ein Dreikarten-Spread oft für gezielte, prägnante Fragen ideal ist. Unterschiedliche Fragestellungen erfordern demnach verschiedene Herangehensweisen, die sinnvoll mit den astrologischen Prinzipien kombiniert werden können, um tiefere Einsichten zu gewinnen.

Astrologische Kriterien

Unser nächster Blick richtet sich auf astrologische Aspekte, die vor der Entscheidung für ein Legesystem berücksichtigt werden sollten. Das eigene Geburtshoroskop sowie aktuelle transitorische Bewegungen der Planeten bieten einen Rahmen, der bei der Interpretation der Karten von Bedeutung sein kann. So könnte ein Herausforderungs-Transit vom Mars beispielsweise ein Legesystem erforderlich machen, das sich auf die Themen Konflikt und Handlungsbereitschaft fokussiert.

Gemäß der Astrologin Donna Cunningham: "Astrologie hilft, die passenden Momente zu identifizieren, in denen ein Blick in die Karten besonders aufschlussreich sein kann, und leitet bei der Wahl des Legesystems, um diese Einsichten zu maximieren" (Cunningham, 1999).

Persönliche Präferenzen und Intuition

Ebenso wichtig wie objektive Kriterien sind die persönlichen Präferenzen des Tarot-Legers. Manche Menschen fühlen sich zu bestimmten Mustern oder Anordnungen hingezogen, die eine intuitive Grundlage haben, die schon allein durch ihre Vertrautheit eine tiefere Deutung fördert. Zudem spielt die eigene Intuition eine nicht zu unterschätzende Rolle. Sie ist das unsichtbare Band zwischen dem Leger und dem oft unbewussten Wissen, das die Karten offenbaren. Wenn Sie sich zu einem bestimmten Legesystem hingezogen fühlen, vertrauen Sie Ihrem inneren Gefühl; es könnte genau die richtige Wahl für die gegenwärtige Situation sein.

Empfehlungen zu häufig verwendeten Legesystemen

Da sich das Zielpublikum von Tarot und Astrologie in seiner Bandbreite unterscheidet, empfiehlt es sich, einige bewährte Legesysteme differenziert nach Art der Einsatzmöglichkeiten zu betrachten.

Keltisches Kreuz: Dieses System wird gern für umfassende, allumfassende Fragen verwendet und bietet durch seine klar umrissenen Positionen ein tiefes Verständnis komplexer Anliegen. Die Verbindung zu astrologischen Häusern kann hier helfen, die einzelnen Aspekte noch detaillierter zu deuten.

Die Sieben-Karten-Hufeisen-Form: Durch die klare zeitliche Abfolge der Kartenpositionen eignet sich dieses System ideal für die Untersuchung von Vergangenheits-, Gegenwarts- und Zukunftsaspekten. Der Einfluss laufender planetarer Transite kann verdeutlicht und optimiert werden.

Astrologische Rad-Legung: Dieses innovative System besteht darin, die zwölf Häuser des Horoskops direkt im Kartenauslage-Muster widerzuspiegeln, was zu einer spezifischen astrologischen Interpretation der Karten führt.

Zusammenfassend ist die Wahl des geeigneten Legesystems eine sinnvolle Kombination von strukturierten Aspekten wie astrologischen Einflüssen und persönlichen Empfindungen oder Präferenzen. Die erfolgreiche Verbindung dieser Elemente eröffnet ein tiefes Reservoir an Einsichten, die dem Praktizierenden wertvolle Orientierung und Erkenntnis über gegenwärtige und zukünftige Ereignisse bieten können.

Integration von astrologischen Transiten in Tarot-Legungen

Die Integration von astrologischen Transiten in Tarot-Legungen ist eine faszinierende Möglichkeit, die Tiefe und Resonanz eines Tarotorakels zu erweitern. Astrologische Transite beziehen sich auf die gegenwärtigen Bewegungen der Planeten und deren Einfluss auf unsere Geburtshoroskope. Diese Bewegungen spiegeln oft energetische Veränderungen wider, die sich in unserem Leben manifestieren. Indem wir diese Transite in Tarot-Legungen einbeziehen, können wir tiefere Einsichten in die aktuellen Lebensumstände und zukünftigen Entwicklungen gewinnen.

Ein zentraler Aspekt bei der Integration von Transiten in Tarot-Legungen ist die Berücksichtigung der Energie und Qualität des jeweiligen Transitplaneten. Zum Beispiel kann ein Transit des Mars, der für Tatkraft und Aggression steht, in einer Legung eine Phase des aktiven Handelns oder der Konfrontation signalisieren. Umgekehrt könnte ein Transit der Venus auf Themen wie Liebe, Harmonie und

Beziehungen hinweisen. Astrologische Transite bieten somit einen Kontext, der es ermöglicht, die Tarotkarten in einem zeitlichen und energetischen Rahmen zu deuten.

Astrologische Vorbereitung: Bevor wir mit der Legung beginnen, ist es sinnvoll, den aktuellen Stand der planetaren Transite zu prüfen. Dies kann durch einfache astrologische Software oder Web-Apps geschehen, die die Positionen der Planeten am Himmel anzeigen. Ein Blick auf die aktuelle Stellung von Sonne, Mond und Planeten wie Saturn oder Jupiter kann bereits hilfreiche Anhaltspunkte geben.

Beispielhafte Legung: Nehmen wir an, wir ziehen das *Rad des Schicksals* in einer Phase, in der der Jupiter einen bedeutenden Transit durch unser Geburtshoroskop macht. In solchen Zeiten deutet das Rad des Schicksals auf große Veränderungen, Wachstum oder neue Chancen hin, angefacht durch die expansive und optimistische Energie des Jupiter. Kombiniert man dies mit anderen gezogenen Karten, die möglicherweise durch Saturn wie die *Herrscherin* beeinflusst werden, könnte dies auf stabile, nachhaltige Entwicklungen hinweisen, die zum persönlichen Wachstum beitragen. Die Transite schaffen so einen nuancierten und vereinfachten Zugang zur Deutung der Karten.

Die Rolle der Intuition: Neben der strukturellen Analyse spielt die Intuition eine entscheidende Rolle bei der Deutung. Während die astrologischen Transite eine technische Basis bieten, ermöglicht die intuitive Verbindung mit den

Karten, subtile Energien und Hinweise wahrzunehmen, die über das hinausgehen, was auf den ersten Blick sichtbar ist. Ein bewusster Meditation über die Fragen und Karten während der Legung kann helfen, das intuitive Verständnis zu vertiefen.

In der Praxis haben viele Menschen festgestellt, dass das Hinzufügen von astrologischen Transitinformationen zu ihren Tarot-Legungen nicht nur die Präzision der Deutungen verbessert, sondern auch ihre persönliche Verbindung zu den Karten und den planetarischen Kräften vertieft. Die Vereinigung dieser beiden Systeme liefert ein mächtiges Werkzeug für die persönliche Einsicht und Transformation.

Wie bei jeder esoterischen Praxis ist es wichtig, offen und neugierig zu bleiben, die Informationen zu reflektieren und sie in den Kontext der eigenen Lebensumstände zu setzen. Die Kunst der kosmischen Deutung erfordert Geduld, Praxis und die Bereitschaft, sich auf eine Reise des Entdeckens und Lernens zu begeben.

Das keltische Kreuz und astrologische Transite: Eine Fallstudie

Die Verbindung der Jahrhunderte alten Traditionen des Tarot und der Astrologie mag auf den ersten Blick komplex erscheinen, doch eröffnet sie ungeahnte Möglichkeiten der Erkenntnis und des Verständnisses für unser Leben und unsere Umwelt. Diese Fallstudie des keltischen Kreuzes in Kombination mit astrologischen Transiten führt uns eindrucksvoll vor Augen, wie die Synthese beider Disziplinen tiefere Einsichten liefern kann.

Das keltische Kreuz ist eines der bekanntesten und vielseitigsten Legesysteme im Tarot. Es bietet einen umfassenden Überblick über die aktuelle Lebenssituation und deren sich entfaltende Dynamik. Die zehn Karten des keltischen Kreuzes sind sowohl in ihrer individuellen Bedeutung als auch in ihrem Zusammenwirken von zentraler Bedeutung für eine fundierte Deutung. Traditionell endet das keltische Kreuz mit einem Ausblick auf die wahrscheinliche zukünftige Entwicklung, was es ideal für die Einbeziehung astrologischer Transite macht.

Astrologische Transite beschreiben die Bewegungen der Planeten in Echtzeit und deren Einflüsse auf unser persönliches Horoskop. Diese Transite sind Schlüsselindikatoren für bevorstehende Herausforderungen und unterstützen das Verständnis der gegenwärtigen Energien und

Lebensaktivitäten. Insbesondere wichtige Transite, wie jene von Saturn, Jupiter und Uranus, können eine entscheidende Rolle bei der Gestaltung von Ereignissen und persönlichen Entwicklungen spielen.

In dieser Fallstudie untersuchen wir das Beispiel von Sophia, einer jungen Frau, die sich in einer Lebensphase der Neuausrichtung befindet. Sophias astrologisches Geburtshoroskop zeigt eine betonte Venus im Stier, während aktuell Uranus einen Transitaspekt zu dieser Venus bildet. Diese Konstellation deutet auf plötzliche Veränderungen und möglicherweise überraschende Entwicklungen in ihrem Liebesleben oder bei finanziellen Angelegenheiten hin. Bei der Legung des keltischen Kreuzes wird besonderes Augenmerk auf Positionen gelegt, die solche Themen reflektieren können, um die astrologischen Einflüsse präzise im Tarot zu erfassen.

Die erste Karte des keltischen Kreuzes, die für Sophias momentane Situation steht, ist der Turm. Er symbolisiert plötzliche Erleuchtungen oder Umwälzungen, die tief mit dem aktuellen Uranus-Transit korrelieren. Diese Karte bestätigt, dass die derzeitigen Veränderungen tief greifender Natur sind und sie zur Anpassung an neue Umstände herausfordern.

Die fünfte Karte, die die bewussten Gedanken und Entscheidungen von Sophia repräsentiert, ist die Liebenden-Karte. Diese Karte spricht für eine Phase kritischer Entscheidungsfindung, insbesondere im Aspekt der Beziehungen – ein Thema, das wiederum bedeutend von der Venus-Uranus-Verbindung beeinflusst wird.

Abschließend findet sich auf der zehnten Position, die das letztendliche Ergebnis symbolisiert, die Welt. Dies deutet darauf hin, dass Sophia, durch die Herausforderungen und Entwicklungen, die durch die Transite und in der Legung sichtbar werden, letztlich zu einer Phase der Erfüllung und Vollendung gelangen wird. Der Einfluss der astrologischen Transite in Kombination mit den tiefgründigen Einsichten aus dem Tarot verdeutlicht, dass sie sich auf einen umfassenden, holistischen Wachstumsprozess einlässt.

In der Synthese beider Systeme zeigt sich, wie tief Tarot-Legungen durch die Berücksichtigung astrologischer Transite bereichert werden können. Indem wir die Zeitqualität der Transite in die Legung integrieren, erhalten wir nicht nur ein klareres Bild der geheimnisvollen Kräfte, die auf das Individuum einwirken, sondern auch einen Wegweiser für sinnvolle Entscheidungen und innere Transformation. Sophias Fallstudie unterstreicht eindrucksvoll das Potenzial dieser Methode, unser Verständnis für die kosmische Verbundenheit zwischen Mikrokosmos und Makrokosmos entscheidend zu vertiefen.

Das Beziehungsspiel: Partnerschaftslegungen im Kontext astrologischer Konstellationen

In der faszinierenden Welt von Tarot und Astrologie wird das Beziehungsspiel zu einem kraftvollen Werkzeug, um tiefere Einblicke in zwischenmenschliche Beziehungen zu erhalten. Diese einzigartige Form der Partnerschaftslegung ermöglicht nicht nur eine Reflexion über bestehende Dynamiken, sondern offenbart auch das Potenzial, herausfordernde Konstellationen zu meistern und harmonische Verbindungen zu stärken. Um jedoch den vollen Umfang dieser Legung zu verstehen, ist es wichtig, sich eingehend mit der Rolle der astrologischen Konstellationen auseinanderzusetzen.

Zu den wesentlichen Aspekten, die bei Partnerschaftslegungen in Verbindung mit astrologischen Konstellationen betrachtet werden müssen, zählen die synastrischen Aspekte zwischen den Geburtshoroskopen der beteiligten Personen. Synastrie, die Kunst, zwei astrologische Geburtshoroskope miteinander zu vergleichen, bietet Einsichten in die Art, wie Planeten und Häuser der jeweiligen Personen in Resonanz zueinander stehen. In der Regel wird besonderes Augenmerk auf die Positionen der Venus, die Liebe und Beziehungen regiert, und des Mars, der für Leidenschaft und Konflikte steht, gelegt.

Ein herausragender Aspekt einer Beziehungssynastrie ist der Venus-Mars-Aspekt. Konstellationen, in denen die Venus einer Person mit dem Mars einer anderen Person in einem harmonischen Winkel steht, wie beispielsweise im Trigon oder Sextil, können auf eine starke Anziehungskraft und eine leidenschaftliche Verbindung hindeuten. Diese Konstellationen schaffen eine natürliche Balance zwischen der gebenden Natur der Venus und der aktiven Energie des Mars. Andererseits können herausfordernde Aspekte, wie das Quadrat oder die Opposition, spannende, aber oft auch konfliktreiche Dynamiken in einer Beziehung anzeigen. „Mit Venus im Quadrat zu Mars steigen die Spannungen, und Partnerschaften werden von einem ständigen Tanz zwischen Anziehung und Abstand geprägt", beschreibt Astrologin Julia Parker in ihrem Buch „Astrologische Beziehungsweisen".

Um eine Partnerschaftslegung durchzuführen, die sowohl Tarot als auch astrologische Konstellationen umfasst, beginnt man mit der Auswahl eines Legesystems, das die Dynamik der Beziehung widerspiegelt. Eine gängige Methode ist es, ein Legesystem zu verwenden, das sowohl gemeinsame als auch individuelle Perspektiven beinhaltet. Eine mögliche Struktur könnte aus sechs bis acht Karten bestehen, die Schlüsselthemen wie emotionale Verbindung, potenzielle Herausforderungen, gemeinsame Ziele, individuelle Bedürfnisse und externe Einflüsse abdecken.

Der Prozess der Legung wird durch das Einbeziehen der aktuellen Transite verstärkt, in denen planetarische Bewegungen durch Tierkreiszeichen und Häuser bedeutende Entwicklungen in Beziehungen aufzeigen können. Nehmen wir beispielsweise Uranus-Transite als Beispiel: Uranus in Opposition zur konjunktionalen Venus in einer Wochenlegung kann auf plötzliche Veränderungen oder Umwälzungen hinweisen. Wie die Autorin Liz Greene in „Astrologie der Liebe und der Beziehungen" ausführt, markiert Uranus den Einfluss von Unabhängigkeit und Befreiung in Beziehungen: „Uranus fordert uns auf, einen Blick auf unsere Beziehungen zu werfen und den Mut zu finden, alte Muster loszulassen".

Letztlich beinhaltet das Beziehungsspiel eine tiefgehende Analyse sowohl der Tarotkarten als auch der astrologischen Konstellationen, um umfassende Einsichten zu bieten. Dieses Vorgehen erfordert sowohl eine intuitive als auch analytische Herangehensweise, die durch die Kombination beider Disziplinen ein Verständnis fördert, das weit über das hinausgeht, was eine einzelne Methode bieten könnte. Dadurch kann der Fragesteller nicht nur Antworten finden, sondern auch Anleitung und Inspiration, um bewusstere Entscheidungen zu treffen und harmonische Beziehungen zu pflegen.

Der astrologische Jahreskreis im Tarot: Ein Jahreszeiten-Legesystem

Die symbiotische Beziehung zwischen Tarot und Astrologie ermöglicht es uns, diverse Legesysteme anzuwenden, die sowohl die kosmischen als auch die innerpsychischen Einflüsse eines Individuums aufzeigen. Ein bemerkenswert effektives Legesystem, das diese beiden traditionellen Divinationsmethoden miteinander verwebt, ist der astrologische Jahreskreis im Tarot, welcher die zyklische Natur der Jahreszeiten und ihre astrologischen Entsprechungen nutzt, um tiefere Einsichten zu gewähren.

Der astrologische Jahreskreis orientiert sich an den vier Jahreszeiten – Frühling, Sommer, Herbst und Winter – und ihren jeweiligen astrologischen Zeichen: Widder, Krebs, Waage und Steinbock. Diese dienen als Eckpfeiler, um die Reise eines Jahres zu strukturieren. Jede Jahreszeit bringt spezielle Energien und Herausforderungen mit sich, die in der Tarotlegung reflektiert werden können.

Die vier Jahreszeiten des Jahreskreises im Tarot:

Frühling (Widder, Stier, Zwillinge): Diese Phase repräsentiert den Neubeginn, Wachstum und Vitalität. In Tarot-Legungen werden Karten gezogen, die die Energie und Impulse dieser Phase widerspiegeln. Typische Karten könnten der Narr (für Neuanfänge) oder die Herrscherin (für Wachstum und Fruchtbarkeit) sein. Widder, als Initiator, setzt Impulse, während Stier Stabilität bringt, und Zwillinge die Kommunikation fördert.

Sommer (Krebs, Löwe, Jungfrau): Der Sommer verkörpert Fülle, Leidenschaft und die Umsetzung von Ideen. Tarotkarten wie die Sonne (für Erfüllung) oder der Wagen (für zielgerichtetes Fortschreiten) sind repräsentativ. Krebs steht für emotionale Verbindung, Löwe für Selbstausdruck und Jungfrau für die Ernte der Anstrengungen und Analyse der Fortschritte.

Herbst (Waage, Skorpion, Schütze): Diese Jahreszeit symbolisiert Ernte, Transformation und Reflexion. In Tarot-Legungen zeigen Karten wie die Mäßigkeit (für Ausgleich) oder der Tod (für Transformation) ihre Wirkung. Waage fordert Harmonie, Skorpion befasst sich mit Transformation und Tiefe, während Schütze auf die Erweiterung geistiger Horizonte abzielt.

Winter (Steinbock, Wassermann, Fische): Ein Zeitraum der Innenschau, Ruhe und Vorbereitung. Relevante Tarotkarten könnten der Eremit (für Innenschau) oder der Mond (für Intuition) sein. Steinbock steht für Struktur und Zielstrebigkeit, Wassermann für innovatives Denken und Fische für Sensibilität und spirituelle Einsicht.

Integration in die Tarot-Legung:

Der astrologische Jahreskreis im Tarot kann als systematisches Legesystem verwendet werden, das jede Jahreszeit mit einer bestimmten Anzahl von Tarotkarten verknüpft, um die jeweilige kosmische Dynamik zu reflektieren. Zu Beginn der Legung positioniert man für jede der vier Jahreszeiten drei Tarotkarten, die symbolisieren, welche Themen in dieser Phase des Jahres im Vordergrund stehen. Zusätzlich können astrologische Transite hinzugezogen werden, um zusätzlich dynamische Entwicklungen sichtbar zu machen.

Um dieses Konzept zu vertiefen, könnte man beispielsweise einen genauen Zeitpunkt innerhalb einer bestimmten Jahreszeit betrachten, bei dem sich bedeutende planetarische Transite im Horoskop der fragenden Person ergeben. Diese Transite könnten durch zusätzliche Karten im Legesystem reflektiert werden, um eine präzisere Vorhersage zu ermöglichen. Laut Danielle Greaves, einer anerkannten Expertin auf dem Gebiet der kombinierten Deutungssysteme, „liegt die Kunst darin, die Geschmeidigkeit der kosmischen Bewegungen zu erkennen und sie mit den inneren Rhythmen und Energien abzustimmen" (Greaves, 2020).

Praktische Anwendung:

Zur Veranschaulichung kann ein astropsychologisches Jahr als persönliches Wachstumsthema verwendet werden. Im Frühling könnten die Karten den Impuls zum persönlichen Neuanfang deuten, unterstützt von einem Mars-Transit im eigenen Zeichen. Der Sommer könnte durch einen Venus-Transit eine stärkere Fokussierung auf Beziehungen und Kreativität aufzeigen, während der Wintereine Zeit für die Verinnerlichung und Neuausrichtung darstellt, beeinflusst durch Saturns Einfluss. Jede Jahreszeit, verknüpft mit den entsprechenden Tarotkarten und astrologischen Aspekten, wirft Licht auf die spezifischen Herausforderungen und Möglichkeiten, die in dieser Periode vorherrschen.

Josef Hartmann, ein berühmter Tarot-Astrologe, betont: „Der astrologische Jahreskreis im Tarot bringt nicht nur die synchronen Beziehungen zwischen persönlichen Erfahrungen und kosmischen Bedingungen zum Ausdruck, sondern er öffnet auch neue Dimensionen des Verständnisses für das, was in uns selbst und um uns herum geschieht" (Hartmann, 2021).

Der astrologische Jahreskreis im Tarot ist nicht nur ein Spiegel der zyklischen Natur der Jahreszeiten, sondern auch eine Einladung, unsere inneren Zyklen wahrzunehmen und im Einklang mit den universellen Kräften zu handeln. Diese

Legemethode ermöglicht es uns, die himmlischen und irdischen Energien maximal zu nutzen, um eine harmonische Balance zwischen beiden Sphären zu erreichen und tiefere Einsichten für unsere persönliche Entwicklung zu erlangen.

Die Karte des Tages im astrologischen Licht: Tagestransite und Tarot

Die tägliche Verbindung zwischen Himmel und Erde hat den Menschen seit jeher fasziniert. Die Fähigkeit der Astrologie, syrische Rhythmen und planetarische Bewegungen zu entschlüsseln, ergänzt den intuitiven und symbolischen Ansatz des Tarots auf wunderbare Weise. Die Karte des Tages, oft als Meditations- oder Reflexionshilfe verwendet, bietet in Kombination mit den astrologischen Tagestransiten die Möglichkeit, tiefere Einblicke in die täglichen Herausforderungen und Möglichkeiten zu gewinnen.

Bei der Betrachtung der Tageskarte ist es von Bedeutung, wie die aktuellen planetarischen Bewegungen diese beeinflussen könnten. Jeder Planet, jedes Zeichen und jedes Haus trägt einzigartige Energiemuster und Bedeutungen, die spiegelhaft im Tarot widerhallen können. So kann beispielsweise ein Transit des Mondes durch die Jungfrau die Themen des Rückzugs, der Analyse und Ordnung betonen. Zieht man am selben Tag die Herrscherin, könnte dies ein Hinweis darauf sein, fruchtbare Ergebnisse aus einem analytischen oder sachlichen Ansatz zu ziehen.

Astrologische Tagestransite bieten eine Momentaufnahme der kosmischen Einflüsse, denen wir ausgesetzt sind, indem sie die aktuelle Position der Planeten relativ zur Erde zeigen. Beispielsweise kann ein Transit von Venus im Quadrat zu Mars auf Spannungen in zwischenmenschlichen Beziehungen hinweisen, die durch die Ziehung der Karte 'Der Turm' möglicherweise noch weiter verdeutlicht werden. Das Tarot deckt dabei die emotionale und seelische Dimension dieser Transite auf, gestaltet durch archetypische Bilder und Symbole.

Ein weiterer zentraler Aspekt der kombinierten Nutzung von Tarot und Astrologie bei der täglichen Arbeit ist das Bewusstsein der eigenen psychosozialen Muster. Dank der Verwendung der Karte des Tages können Energiezyklen besser im Vorfeld verstanden und somit bewusster erlebt werden. Besonders lohnend ist es, ein Tarot-Tagebuch zu führen, das Aufschluss über wiederkehrende Muster gibt und Veränderungen über längere Zeiträume sichtbar macht. Die regelmäßige Kombination von Tageskarte und Transit fördert nicht nur die Selbstwahrnehmung, sie schult auch die Intuition.

Ein Beispiel für diese Praxis könnte die tägliche Reflexion über die Auswirkungen von Mondtransiten sein, die besonders ausgeprägt im emotionalen Feld auftreten: Wenn der Mond beispielsweise in einen harmonischen Aspekt zu

Jupiter eintritt, mag die Karte 'Das Rad des Schicksals' gezogen werden, was einen positiven, expansiven Tag voller Möglichkeiten suggeriert. Derartige Kombinationen fördern das Verständnis der persönlichen Gestimmtheit im Kontakt mit äußeren Gegebenheiten und helfen, günstige Zeiten für relevante Entscheidungen zu identifizieren.

Wenn man tägliche Herausforderungen und Möglichkeiten anhand der Karte des Tages interpretiert, sind astrologische Hinweise wertvoll, um Vorhersagen und Einsichten zu gewinnen. Es ist das Zusammenspiel dieser beiden Traditionen, welches erleuchtende Einsichten und echte Entwicklung ermöglichen kann. Dabei sollten Leser stets daran denken, dass sowohl Tarot als auch Astrologie Werkzeuge der Selbsterkenntnis sind. Die Antwort auf die dabei aufgeworfenen Fragen findet sich letztlich immer im Innern des Fragenden.

Es bleibt festzuhalten, dass die Vereinigung von Tarot und Astrologie eine außergewöhnliche Allianz bildet, die, richtig angewandt, den Weg zur inneren Weisheit und Selbstermächtigung ebnet. Immer wieder zeigen sich durch die Verbindung von Karte und Sternentransit erleuchtende Aha-Erlebnisse, die dazu beitragen, bewusster durch das Leben zu gehen. Daher erfordert dies eine regelmäßige Praxis, Offenheit und das Vertrauen in die Kräfte des Unbekannten, um sich neuen kosmischen Einsichten zu öffnen.

Herausforderungen und Chancen erkennen: Der Einfluss von Mars-Transiten auf Tarot-Legungen

Die Verschmelzung von Tarot und Astrologie bietet eine einzigartige Möglichkeit, nicht nur die symbolische Sprache der Tarotkarten zu nutzen, sondern auch den Einfluss der planetarischen Bewegungen auf die persönlichen Lebensumstände zu entschlüsseln. Die Untersuchung von Mars-Transiten, die oft als herausfordernd und dynamisch beschrieben werden, ermöglicht es, tiefere Einsichten in jene Lebensbereiche zu gewinnen, die Aufmerksamkeit und Anpassung erfordern.

Astrologisch gesehen ist Mars als der Planet des Handels, der Energie und des Unbekümmerten bekannt. Sein Einfluss wird in Zeiten von Transiten besonders spürbar, wenn seine Energien mit persönlicheren planetarischen Aspekten unserer Geburtscharts in Wechselwirkung treten. Diese Zeiträume sind gekennzeichnet durch eine gesteigerte Präsenz von Tatendrang und manchmal auch von Konflikten. Ein Mars-Transit hat die Kraft, sowohl Antrieb als auch Belastung zu bringen, und es ist genau diese duale Energie, die eine fundierte Tarotlegung bereichern kann.

Um die Herausforderungen und Chancen, die Mars-Transiten innewohnen, in Tarot-Legungen effektiv zu erkennen, ist es unerlässlich, sich zunächst der spezifischen astrologischen Signifikanten bewusst zu werden. Dazu gehören das Haus und das Sternzeichen, die Mars zum Zeitpunkt des Transits beeinflusst. Ein Transit von Mars durch das erste Haus kann beispielsweise körperliche Vitalität anheizen und den Handlungsdrang steigern, wohingegen ein Transit durch das siebte Haus verstärkt auf partnerschaftliche Auseinandersetzungen hinweisen könnte.

In der Tarot-Praxis könnte dies durch die Wahl eines spezifischen Legesystems unterstützt werden, das darauf zugeschnitten ist, Mars-Energien zu interpretieren. Eines der hilfreichsten Systeme in diesem Kontext ist das Drei-Karten-Spread, bei dem jede Karte eine Facette des Mars-Transits beleuchtet: Herausforderungen, Chancen und Ratschläge. Wenn Mars durch das vierte Haus transitiert, könnten die Karten etwa die folgenden Aspekte beleuchten:

Herausforderung: Eine Karte wie der Turm könnte Spannungen innerhalb der Familie oder zu Hause anzeigen, die durch plötzliche Veränderungen hervorgerufen werden, die angepasst werden müssen.

Chance: Die Karte der Wagen könnte große Fortschritte vorschlagen, die durch entschlossenes Handeln und Führung innerhalb des familiären Umfelds zu erwarten sind.

Ratschlag: Eine Karte wie die Mäßigung könnte nahelegen, dass Geduld und das Gleichgewicht von entscheidender Bedeutung sind, um den Mars-Transit friedlich zu navigieren.

Der Schlüssel zur erfolgreichen Integration astrologischer Transite in Tarot-Legungen liegt auch in der Fähigkeit, Mars als Katalysator für Veränderung und Transformation zu betrachten. In der esoterischen Tradition steht Mars nicht nur für die Energie des physischen Handelns, sondern auch für die Notwendigkeit der Überwindung von Hindernissen. Die Tarotkarten können als Werkzeug verwendet werden, um tiefere Einsichten darüber zu erlangen, wie man diese Hürden durch innere Stärke und Entschlossenheit meistert.

Abschließend ist es wichtig, weitere relevante Faktoren in Betracht zu ziehen, wie die retrograde Bewegung von Mars, die dazu führen kann, dass man innere Konflikte ausarbeitet und unerwartete Verzögerungen erfährt. Die Kombination aus Mars-Transiten und Tarot-Legungen eröffnet nicht nur neue Möglichkeiten des Verständnisses und der Auseinandersetzung mit den Herausforderungen des Lebens, sondern liefert auch konkrete Schritte zur Förderung eines ausgeglichenen und entschlossenen Ansatzes in Zeiten gesteigerter Energie und Transformation.

Letztendlich gilt es, sich stets der leitenden Weisheit zu erinnern, dass sowohl Tarot als auch Astrologie Werkzeuge der Selbsterkenntnis sind, die uns auf unserer persönlichen Reise unterstützen. In den Worten des bekannten Tarot-Experten Alejandro Jodorowsky: "Das Tarot hilft uns, Brücken zwischen der äußeren Welt und unseren tiefsten inneren

Empfindungen zu bauen" (Jodorowsky, 2014). Diese Brücke wird durch die Integration von Mars-Transiten in Tarot-Legungen noch weiter gefestigt, indem sie uns auffordert, die kosmischen Energien zu erkennen und konstruktiv mit ihnen zu arbeiten.

Intuition und Struktur: Kombinierte Anwendungen von Tarot und astrologischen Transiten

Die Welt der Esoterik bietet eine facettenreiche Spielwiese der Erkundung für Suchende, die sowohl Intuition als auch Struktur in ihre spirituelle Praxis integrieren möchten. Die Verbindung von Tarot und astrologischen Transiten stellt eine ganzheitliche Methode dar, die das Beste aus beiden Bereichen nutzt. Hierbei spielen sowohl das intuitive Erfassen der Karten als auch das systematische Erkennen astrologischer Bewegungen eine bedeutende Rolle.

Die Vereinigung von Tarot und astrologischen Transiten erfordert ein feines Gleichgewicht zwischen Intuition und Struktur. Die Tarotkarten agieren auf einer symbolischen Ebene, die unsere Intuition anspricht und komplexe Themen zugänglich macht. Die Karten sind wie ein Spiegel unseres innersten Selbst und fungieren als ein Werkzeug, mit dem wir verborgene Aspekte unseres Lebens durch tiefergehende Einsichten entdecken können. In diesem Zusammenspiel eröffnet die Astrologie objektive Einblicke in die zyklischen Bewegungen des Kosmos, die eine fundierte

Struktur bieten, um zu verstehen, wann wir uns in bestimmten Lebensphasen befinden und welche Einflüsse momentan auf uns wirken.

Beim Kombinieren dieser beiden Systeme ist es wichtig, den eigenen inneren Dialog zu entwickeln. Zuerst achten wir auf die transitorische Natur der Planeten und wie ihre Positionen in unseren astrologischen Geburts- und Transitkarten thematisch mit den Fragestellungen harmonieren, die wir durch das Tarot untersuchen möchten. Beispielsweise kann ein Jupiter-Transit, der durch unser Sonnezeichen verläuft, auf eine Zeit erweiterten persönlichen Wachstums und Optimismus hinweisen. Diese Erkenntnis kann dann durch eine Tarotlegung ergänzt werden, um spezifische Wege zu erkunden, auf denen diese Energie genutzt werden kann, um Hindernisse zu überwinden oder neue Projekte zu starten.

In der Praxis gestaltet sich diese Vereinigung als ein iterativer Prozess. Zunächst wird eine spezifische Fragestellung formuliert, gefolgt von der Betrachtung des aktuellen astrologischen Transits, um die kosmischen Themen zu identifizieren. Danach werden passende Karten aus dem Tarotdeck gezogen – entweder zufällig, um die Intuition zu stärken, oder gezielt, um an den astrologischen Einflüssen anzuknüpfen. Diese Kombination erlaubt nicht nur eine tiefere Analyse von persönlichen Herausforderungen, sondern fördert auch die Entfaltung versteckter Potenziale.

Ein praktisches Beispiel könnte eine Legung sein, die den gegenwärtigen Einfluss der Mars-Transite auf die persönliche Energie und Handlungsbereitschaft untersucht. Hierbei wird Mars als Planet der Aktion und letztendlichen Durchführung betrachtet, und eine Tarotlegung kann aufzeigen, ob es die richtige Zeit ist, neue Herausforderungen anzugehen oder ob Vorsicht geboten ist. So könnte die Tarotkarte "Der Wagen" in Verbindung mit einem Mars-Transit auf starke Vorwärtsbewegung und Zielorientierung hinweisen, während ein Transit über schwierige Häuser mit der Karte "Der Gehängte" eine Zeit der Besinnung und inneren Neuausrichtung verlangt.

In der Kombination von Tarot und astrologischen Transiten läge der Schlüssel darin, die Informationen, die uns diese Methoden liefern, auf sinnvolle Weise zu orchestrieren, sodass sie einerseits unser rationales Verständnis schärfen und andererseits unsere intuitive Spürsnase anregen. Es ist ein Tanz zwischen Ratio und Intuition – ein Tanz, der uns tiefer in das Verständnis unserer selbst und unserer Umgebung führen kann. Wie Marc Edmund Jones treffend bemerkt hat, „Die Astrologie öffnet uns das Tor zur Verbannung des Zufalls als Beweger und Lenker des Lebens".

Somit wird das Kombinieren von Tarot und astrologischen Transiten zu einem lebendigen Dialog zwischen Himmel und Erde, Geist und Materie, Intuition und Struktur. Diese synergetische Verschmelzung erlaubt eine umfassendere Exploration unserer Realität und hebt unser Bewusstsein auf eine höhere Ebene, wo persönliche Entwicklung nicht nur möglich, sondern auch wunderbar erfüllend ist.

Praktische Beispiele: Dokumentation einer Tarot-Legung mit astrologischen Einflüssen

Die Kunst, Tarotkarten mit den Weiten der astrologischen Einflüsse zu kombinieren, bietet nicht nur faszinierende Einblicke, sondern auch anspruchsvolle Herausforderungen. Die synchrone Anwendung beider Systeme kann zu einer tiefgreifenden und erfüllenden Beratungs- und Einsichtserfahrung führen. In diesem Abschnitt werden wir eine reale Tarot-Legung dokumentieren, die von astrologischen Transiten beeinflusst wird. Dabei werden die Kartendeutungen in Verbindung mit aktuellen und relevanten Planetenkonstellationen analysiert, um eine detaillierte, mehrdimensionale Sichtweise zu bieten.

In unserem Beispiel betrachten wir eine Tarot-Legung ausgehend vom klassischen „Keltischen Kreuz", einer der bekanntesten und vielseitigsten Legemethoden. Diese Methode ist ideal, um umfassende Fragen zu klären und einen tiefgründigen Gesamteinblick zu erhalten. Die Frage der Ratsuchenden dreht sich um ihre berufliche Richtung und die Unsicherheit in Bezug auf kommende Karrierewege.

Die astrologische Umgebung zu diesem Zeitpunkt ist durch einen nahenden Pluto-Transit, der sich dem Aszendenten der Betreffenden nähert, sowie durch einen intensiven Saturn-Transit durch das zehnte Haus, beeinflusst. Dies deutet auf massive, transformative Veränderungen und mögliche Herausforderungen im beruflichen Umfeld hin – Aspekte, die durch das Tarot tiefer erforscht werden können.

Die erste Karte, die in der Position der gegenwärtigen Situation ausgelegt wird, ist die „Hohepriesterin". Diese Karte symbolisiert Intuition, inneres Wissen und verborgene Potenziale. In Verbindung mit der astrologischen Lage weist sie darauf hin, dass die Ratsuchende noch nicht alle Aspekte ihrer beruflichen Situation völlig durchdrungen hat und dass eine Phase der inneren Reflexion notwendig ist, um mehr Klarheit zu erlangen.

Als Nächstes zieht sie die „Turm"-Karte, die sich in der Position der drohenden Herausforderungen befindet. Während der Anblick dieser Karte oftmals Schrecken hervorruft, deutet ihr Erscheinen in Kombination mit dem Pluto-Transit auf eine destruktive, aber notwendige Transformation hin. Der momentane Druck könnte als notwendigen Impuls betrachtet werden, um alte Strukturen abzubrechen und Raum für Neues zu schaffen, eine Analogie, die sowohl im Tarot als auch in der astrologischen Symbolik stark vertreten ist.

In der Position der „Hoffnungen und Ängste" ergibt der „Stern" eine positive Resonanz auf den Transit von Jupiter über das fünfte Haus. Er symbolisiert eine Zeit des neuen Wachstums und der Hoffnung, die keimt, sobald die gegenwärtigen Herausforderungen überwunden sind. Es zeigt die einzigartigen Möglichkeiten auf, die entstehen können, sobald die betroffene Person die momentanen Herausforderungen kreativ und optimistisch angeht.

Abschließend wird als Ergebnis die „Welt" gezogen. Diese Karte bietet eine Ermächtigung und wirft ein optimistisches Licht auf die Gesamtheit des Prozesses. Mit Saturns Einfluss kann die Ratsuchende in ihrer Karriere ein starkes Fundament entwickeln. Der Pluto-Einfluss, unterstützt von der „Welt"-Karte, eröffnet die Aussicht, umfassend transformiert und gestärkt aus der Situation hervorzugehen.

Dieser Beispielprozess illustriert eindrucksvoll, wie Tarot und astrologische Transite eine dynamische Partnerschaft eingehen, um eine tiefere, mehrstufige Antwort auf die Fragen des Lebens zu finden. Diese Fusion von Symbolen und kosmischen Kräften bietet eine reichhaltige Plattform für Selbstreflexion und persönliches Wachstum. Die Ratsuchende wird ermutigt, sowohl auf ihre Intuition zu hören als auch die kosmische Weisheit zu integrieren, um ihre zukünftigen Schritte mit Bedacht, Zuversicht und Authentizität zu gestalten.

Fazit: Die synergetische Wirkung von Tarot und Astrologie in der praktischen Anwendung

In der praktischen Anwendung von Tarot und Astrologie entfaltet sich eine bemerkenswerte synergetische Wirkung, die weit über die zuvor beschriebenen theoretischen Grundlagen hinausgeht. Diese Synergie entsteht aus der einzigartigen Fähigkeit beider Werkzeuge, umfassende und tiefgreifende Einblicke in das menschliche Leben zu gewähren. Tarot, mit seinen archetypischen Bildern und symbolischen Darstellungen, und Astrologie, mit ihren himmlischen Bewegungen und planetarischen Einflüssen, schaffen gemeinsam einen Raum für Erkenntnis und Heilung, der größer ist als die Summe seiner Teile.

Die Integration von Tarot und Astrologie in der Praxis bietet eine multidimensionale Perspektive auf die Herausforderungen und Möglichkeiten des Lebens. Indem man Tarot-Legesysteme mit astrologischen Transiten kombiniert, entsteht ein tiefes Verständnis für die zeitliche Dynamik von Ereignissen und menschlichen Erfahrungen. Astrologische Transite, die die Bewegungen der Planeten durch den Tierkreis darstellen, lenken oft die Aufmerksamkeit auf spezifische Themen oder Herausforderungen, die in Tarot-Legungen spiegelbildlich reflektiert werden.

Die Verbindung dieser beiden Disziplinen ermöglicht es, Herausforderungen nicht nur zu identifizieren, sondern diese auch in einen größeren kosmischen Kontext zu stellen. Dies eröffnet einen Weg, diese Herausforderungen mit neu gewonnener Klarheit und Verständnis zu begegnen. Beispielsweise können Mars-Transite, die oft mit Energie, Konflikten und Aktionen in Verbindung stehen, durch Tarot-Legungen ergänzt werden, um aktiv entsprechende Handlungsmöglichkeiten und Strategien zu erleichtern oder zu durchdenken.

Ein weiterer Vorteil der Kombination von Tarot und Astrologie in der praktischen Anwendung besteht darin, dass sie die Fähigkeit fördert, sich auf intuitive Einsichten einzulassen, ohne dabei die strukturelle Grundlage zu verlieren, die beide Systeme bieten. Die Synergie aus intuitivem Erfassen und strukturierter Deutung bietet einen umfassenden Ansatz zur Lösung von Problemen und zur Förderung des Wachstums. Diese Herangehensweise ermutigt dazu, Informationen sowohl auf einer rationalen als auch auf einer intuitiven Ebene wahrzunehmen und zu verarbeiten.

Besonders bemerkenswert ist die Möglichkeit, astrologische Zyklen und Tarot-Legungen in persönlichen Entwicklungs- oder Coaching-Prozessen anzuwenden. Viele Praktiker berichten von erstaunlichen Einsichten, die durch die Verbindung dieser Methoden gewonnen werden können. Die planetarischen Energien bieten eine zusätzliche Tiefendimension, die Tarot-Legungen belebt, während die visuelle und narrative Qualität des Tarots astrologische Interpretationen greifbarer und zugänglicher macht.

In der Praxis reicht die Anwendung dieser Kombination von der Alltagsberatung bis hin zu ernsthaften, langfristig orientierten Lebensentscheidungen. Diese Methoden sind nicht ausschließlich für die Klärung von Problemen gedacht, sondern auch als Mittel zur tiefen Selbsterforschung und persönlichen Bereicherung. So kann das Verständnis der astrologischen Einflüsse auf die eigene Tarot-Legung wie ein Spiegel dienen, durch den der Ratsuchende nicht nur die äußere Realität, sondern auch innere Werte, Ängste und Wünsche deutlicher erkennen kann.

Zusammenfassend lässt sich sagen, dass die synergetische Wirkung von Tarot und Astrologie in der praktischen Anwendung einen kraftvollen, transformierenden Prozess bietet. Durch die gleichzeitige Betrachtung beider Werkzeuge in einem einzigen Deutungsprozess werden tieferliegende Schichten individueller Themen auf eine Weise zugänglich, die sowohl klar als auch inspirierend ist. Die Verbindung von Tarot und Astrologie in der praktischen Anwendung ist daher nicht lediglich eine Erweiterung der Deutungsmöglichkeiten, sondern vielmehr eine Einladung, in die tiefen Gewässer des menschlichen Bewusstseins einzutauchen und den Reichtum der Kosmoserfahrungen zu ergründen.

Fortgeschrittene Techniken: Vertiefung und Integration neuer Erkenntnisse

Die Integration astrologischer Aspekte in die Tarot-Karten

Die Integration astrologischer Aspekte in Tarot-Karten eröffnet faszinierende Dimensionen der Deutung, die sowohl die Tiefe als auch die Komplexität beider Disziplinen zu einem kohärenten Ganzen zusammenführen. Durch die Vermischung von astrologischen Prinzipien mit der symbolischen Sprache des Tarot wird eine neue Ebene der Einsicht und der spirituellen Erkundung möglich, die beide Systeme in ihrer Wirksamkeit potenziert. Dabei ist es unerlässlich, das tiefe Verständnis der Bedeutungen der Tarot-Karten mit den archetypischen Qualitäten der astrologischen Prinzipien in Einklang zu bringen.

Es ist grundlegend zu verstehen, dass jede Tarot-Karte ein Spektrum von Bedeutungen verkörpert, die durch ihre Verbindung mit den astrologischen Archetypen bereichert werden können. Zum Beispiel korreliert der Magier (die erste Karte der großen Arkana) mit dem Planeten Merkur, welcher als Bote der Götter für Kommunikation, Geschick und Manifestationskraft steht. Diese Assoziation verstärkt die Interpretation des Magiers als Verkörperung von gewandter Kommunikation und cleverer Manipulation der Umwelt für die Verwirklichung von Zielen.

Ebenso ist die Verbindung der Großen Arkana zum Tierkreis von besonderem Interesse. Die Karte der Liebenden wird traditionell mit dem Sternzeichen Zwilling in Beziehung gesetzt. Diese Assoziation symbolisiert Dualität, Beziehung und Entscheidungsfindungen, die in den Eigenschaften der Zwillinge gespiegelt werden. Die Verbindung mit dem astrologischen Zeichen unterstützt die Deutung der Karte als Symbol für Harmonie, Partnerschaft und die Notwendigkeit bewusster Entscheidungen.

Ein weiteres Beispiel für die produktive Integration von Tarot und Astrologie findet sich in der Karte des Turms (XVI der Großen Arkana), die oft mit dem Planeten Mars verbunden wird. Mars steht in der Astrologie für Energie, Konflikt und Zerstörung und ergänzt die Bedeutung des Turms als Symbol für plötzliche Umwälzungen und schöpferische Zerstörung. Diese Verbindung unterstreicht die transformative Kraft drastischer Veränderungen, die für spirituelles Wachstum notwendig sind.

Ein in die Tiefe gehender astrologischer Ansatz kann durch die Kombination von Tarot-Karten mit den verschiedenen astrologischen Häusern erreicht werden. Die Häuser symbolisieren Lebensbereiche und Themen, vom Selbst (1. Haus) bis zu unbewussten Mustern und Kollektiven (12. Haus). Wenn eine Tarot-Lesung mit einem Fokus auf ein bestimmtes Haus erfolgt, erhält die Interpretation eine zielgerichtete Richtung. Beispielsweise könnte das Tarot-Reading mit der betonten dritten Karte und einer Verbindung zum dritten Haus als Fokus den Bereich der Kommunikation, Geschwister und unmittelbare Umgebung beleuchten.

Um diese techniken zu meistern, ist es förderlich, sich eingehend mit den astrologischen Aspekten und deren Resonanz in den Karten zu beschäftigen. Ein tiefes Verständnis dieser Zusammenhänge fördert nicht nur die Deutungsfähigkeit, sondern ermöglicht auch eine intuitivere Herangehensweise an die Tarot-Legungen. Schriftliche Notizen und das Führen eines Tagebuchs über Beobachtungen und Deutungen können dabei helfen, die Nutzung dieser fortgeschrittenen Techniken zu vertiefen und zu integrieren.

Eine strukturierte Herangehensweise an die Verbindung von Tarot und Astrologie schafft Raum für intensive, durchdringende Erkenntnisse und ermöglicht es, den Weg zur inneren Weisheit auf einer komplexeren Ebene zu beschreiten. Indem Sie die durch die astrologischen Aspekte angereicherten Tarot-Karten studieren, erweitern Sie Ihre Fähigkeit, präzise, nuancierte und umfassende Deutungen zu liefern. Die tiefe Einsicht in das Zusammenspiel dieser beiden esoterischen Künste kann nicht nur die persönliche

Entwicklung fördern, sondern auch ein unterstützendes Werkzeug für Beratungen und therapeutische Anwendungen darstellen.

Insgesamt liegt der Wert der Integration astrologischer Aspekte in die Tarot-Karten in der Vertiefung der symbolischen Sprache und der Erweiterung der spirituellen Perspektive. Es ist ein unendliches Spiel von Reflektionen, bei dem Tarot und Astrologie zu einem harmonischen orchestrierten Wissensfeld verschmelzen, das immer neue Entdeckungen und Einsichten ermöglicht.

Anwendung planetarer Einflüsse auf Tarot-Legungen

In der faszinierenden Welt der Esoterik eröffnen sich bemerkenswerte Möglichkeiten, wenn man die tief verwurzelten Traditionen von Tarot und Astrologie miteinander kombiniert. Besonders begabte Praktizierende sind in der Lage, planetare Einflüsse meisterhaft in ihre Tarot-Legungen zu integrieren, um so nicht nur die Deutungen zu bereichern, sondern auch tiefere, kosmische Einsichten zu gewinnen.

Der Einfluss der Planeten, die als archaische Symbole des kollektiven Unbewussten angesehen werden, ist in der Astrologie von entscheidender Bedeutung. Jeder Planet verkörpert spezifische Energien, die unterschiedliche Bereiche unseres Lebens und unserer Persönlichkeit betreffen. Diese Energien können in eine Tarot-Legung eingebracht werden, um sowohl die interpretative Tiefe zu erhöhen als auch um spezifische Fragestellungen zu klären.

Um die planetaren Einflüsse auf Tarot-Legungen anzuwenden, ist es nützlich, zunächst die traditionellen astrologischen Assoziationen der Planeten zu verstehen. Die Sonne zum Beispiel steht für Vitalität und Selbstbewusstsein, während der Mond unsere emotionalen und intuitiven Aspekte repräsentiert. Merkur steht für Kommunikation und Intellekt, Venus verkörpert Liebe und Schönheit, Mars symbolisiert Aktion und Durchsetzungskraft, Jupiter steht für Expansion und Glück, Saturn für Struktur und Verantwortung, Uranus für Veränderung und Innovation, Neptun für Spiritualität und Träume und Pluto für Transformation und Wiedergeburt. Diese Prinzipien können auch in die Deutung der Tarotkarten einfließen, wobei jede Karte eine Verbindung zu einem bestimmten Planeten oder einer konkreten planetarischen Qualität aufweist.

Nehmen wir an, in einer Tarot-Legung fällt die Karte "Der Magier", die traditionell mit dem Planeten Merkur assoziiert wird, in eine zentrale Position. Diese Verbindung kann darauf hindeuten, dass das Thema der Legung einen starken Fokus auf Kommunikation oder schöpferisches Denken hat. Es könnte auch einen besonderen Hinweis auf die Notwendigkeit geben, geistige Fähigkeiten oder intrapersonelle Fähigkeiten zu entwickeln und zu nutzen.

Ein weiteres Beispiel ist die "Hohepriesterin", die in astrologischen Entsprechungen dem Mond zugeordnet ist. Tritt diese Karte bei einer Legung in Erscheinung, kann ihr planetarer Einfluss das Bedürfnis betonen, sich mit den inneren, oft verborgenen emotionalen Welten auseinanderzusetzen oder auf die Intuition zu hören, um die Wahrheit in einer bestimmten Angelegenheit zu enthüllen.

Astrologen und Tarot-Leser können darüber hinaus den Zeitpunkt oder die Zeitqualität durch aktuelle planetarische Transite berücksichtigen. Das bedeutet, dass der aktuelle Stand und die Bewegung der Planeten im Himmel einen prägenden Einfluss auf die Interpretation der Karten haben können. Ein transitierender Jupiter könnte beispielsweise neues Wachstum und Chancen anzeigen, die im Zusammenhang mit der "Glück" Karte in einer Legung auftauchen.

Letztlich erfordert die korrekte Anwendung planetarer Einflüsse auf Tarot-Legungen ein tiefes Verständnis sowohl der astrologischen Symbolik als auch der der Tarotkarten. Diese Fusion ermöglicht es dem Praktizierenden, nicht nur Antworten auf konkrete Fragen zu geben, sondern auch größere Lebensthemen im Kontext der natürlichen und kosmischen Zyklen zu betrachten. In einer Welt, die aus Gleichgewicht und Harmonie besteht, fungieren die Planeten als kosmische Wegweiser in der großen Reise der Selbsterkenntnis und persönlichen Transformation.

Kombinierte Analyse: Tarot-Karten und Geburtshoroskop

Die Verbindung von Tarotkarten mit dem Geburtshoroskop eröffnet eine bemerkenswerte Dimension der Deutung, die es dem Praktizierenden ermöglicht, tiefere Einsichten in die Psyche und das Leben des Betroffenen zu gewinnen. Diese kombinierte Analyse ist eine fortgeschrittene Technik, die sowohl Verständnis als auch Intuition erfordert. Es ist wichtig, vor dem Eintauchen in diese Methode, die Grundlagen beider Disziplinen zu beherrschen, da hier sowohl symbolische als auch praktische Elemente ineinandergreifen.

Der Ausgangspunkt dieser Methode ist das Geburtshoroskop, welches als eine Art astrologische Fingerabdruck des Individuums betrachtet werden kann. Es liefert wertvolle Informationen über die Persönlichkeit, Herausforderungen und Potenziale einer Person. Im Kontrast dazu offenbart das Tarot die versteckten Themen und symbolischen Energien, die im Unterbewusstsein aktiv sind. Zusammen ermöglichen sie dem Deutenden, ein umfassendes Bild des Lebens des Ratsuchenden zu zeichnen.

Die Praxis der kombinierten Analyse beginnt mit der Erstellung des Geburtshoroskops. Wichtig hierbei sind insbesondere die Stellung der Sonne, des Mondes und des

Aszendenten, da sie die Kernpersönlichkeit und die lebenslange Reise einer Person kennzeichnen. Die Häuserpositionen und planetarischen Aspekte im Geburtshoroskop geben Hinweise auf die verschiedenen Lebensbereiche und die damit verbundenen Herausforderungen und Geschenke. Dieses Wissen bildet die Grundlage für die spätere Verbindung mit den Tarotkarten.

Eine wirksame Methode der Kombination besteht darin, jedem astrologischen Haus eine spezifische Tarotkarte zuzuordnen. Dabei sollten Karten gewählt werden, die intuitive Resonanz mit dem Thema des jeweiligen Hauses aufweisen. Zum Beispiel könnte das erste Haus, das die Persönlichkeit repräsentiert, mit dem Magier aus dem Tarot verbunden werden, da diese Karte neue Anfänge und die bewusste Manifestation der eigenen Realität repräsentiert. Ebenso könnte das siebte Haus, das die Beziehungen betrifft, mit der Liebenden-Karte verknüpft werden. Auf diese Weise wird ein für den Ratsuchenden relevant zugeschnittenes Bild gezeichnet, welches sowohl die Astrologie als auch das Tarot auf neue und philosophisch faszinierende Weise vereint.

Ein weiterer Schritt in dieser kombinierten Analyse ist die Beachtung der planetarischen Aspekte im Geburtshoroskop und deren Resonanz mit den thematischen Bedeutungen der Tarotkarten. Aspekte wie Konjunktionen, Quadrate und Trigone können Hinweise auf energetische Spannungen oder harmonische Entwicklungen geben. Zum Beispiel könnte eine intensive Mars-Venus-Konstellation im

Geburtshoroskop mittels Tarot durch die Karten Mars (etwa der Turm) und Venus (die Herrscherin) verstärkt erforscht werden. Die Deutung dieser Karten, in der astrologischen Kontextualisierung, lässt tiefere Einblicke in Liebesbeziehungen, Kreativität und potenzielle Konflikte zu.

Schließlich stellt sich die praktische Frage, wie man diese Kombination im Rahmen einer Lesung effektiv anwendet. Ein mögliches Legesystem könnte so strukturiert sein, dass bei der Auslegung nach der Reihenfolge der astrologischen Häuser vorgegangen wird. Jede Tarotkarte, die gezogen wird, sollte entsprechend des astrologischen Bereiches interpretiert werden, den das jeweilige Haus abdeckt. Allerdings sollte dabei stets genügend Raum für Intuition und spontane Eingebungen des Deutenden gelassen werden.

In der Literatur gibt es verschiedene Ansätze, wie diese Kombination gewinnbringend eingesetzt werden kann. Ein oft zitiertes Werk ist "AstroTarot: Die Synthese von Astrologie und Tarot" von David McCulloch, das aufzeigt, wie diese zwei esoterischen Werkzeuge sich gegenseitig ergänzen können, um eine tiefergehende Selbsterkenntnis zu fördern.

Die Kunst der kombinierten Analyse von Tarotkarten und Geburtshoroskop ist komplex, aber zutiefst lohnend. Sie bietet nicht nur die Möglichkeit, verborgene innere

Landschaften zu erforschen, sondern auch, den Ratsuchenden auf einer tiefen persönlichen Ebene zu unterstützen. Diese Verbindung fördert ein ganzheitliches Verständnis, das sowohl auf bewährten astrologischen Prinzipien als auch auf den reichhaltigen Symbolen des Tarot basiert, und bietet so eine bedeutungsvolle Ergänzung zu traditionellen Deutungsmethoden.

Häuserstellungen im Horoskop und ihre Bedeutung im Tarot

In der Welt der astrologischen Deutung spielt das Horoskop eine zentrale Rolle. Es bietet eine vielschichtige Karte der Planetenpositionen zum Zeitpunkt der Geburt einer Person und liefert tiefgreifende Einsichten in deren Persönlichkeit, Potenziale und Lebenspfade. Die Häuser des Horoskops, insgesamt zwölf an der Zahl, stellen dabei verschiedene Lebensbereiche dar und sind entscheidend für die tiefere Analyse von Charaktereigenschaften, Lebensumständen und zukünftigen Entwicklungen. Diese Häuser lassen sich auf faszinierende Weise auch im Tarot widerspiegeln, was eine spannende und bereichernde Verbindung der beiden Disziplinen ermöglicht.

Jedes Haus des Horoskops symbolisiert einen bestimmten Aspekt des Lebens. Vom Selbstausdruck über das materielle Wohl bis hin zu zwischenmenschlichen Beziehungen und spirituellem Streben – jedes Haus bietet eine einzigartige Perspektive. Die Kunst besteht darin, diese Perspektiven mit den Bedeutungen der Tarotkarten zu verknüpfen, um eine ganzheitliche Interpretation zu ermöglichen.

Das erste Haus repräsentiert das Selbst und die Erscheinung, das Ich im Kontext der Umwelt. Dieses Haus korrespondiert wunderbar mit Der Magier im Tarot, der die Persönlichkeit, den individuellen Willen und die Selbstverwirklichung symbolisiert. Wenn Der Magier in einer Legung in Beziehung zum ersten Haus steht, verweist das auf den Fokus auf Selbstfindung und persönliche Handlungskraft.

Das zweite Haus steht für materielle Werte und Besitz. In Verbindung mit Tarotkarten wie dem Ass der Münzen, das für neue finanzielle Möglichkeiten und materielle Sicherheit steht, beschreibt es das Verhältnis einer Person zu Besitz und Wohlstand und beleuchtet deren Fähigkeiten, Ressourcen zu managen.

Das dritte Haus beleuchtet Denken und Kommunikation, ähnlich wie die Karte Die Hohepriesterin, die für Intuition und inneres Wissen steht, gleichzeitig aber auch die geheimnisvolle Natur von Kommunikation und Intuition reflektiert. Legungen, die diese Aspekte ansprechen, laden zur Erforschung der eigenen Kommunikationsweise und der inneren Dialoge ein.

Das vierte Haus befasst sich mit Heim und Familie, ebenso wie die Karte Die Herrscherin, die für Fruchtbarkeit, Heim und emotionalen Erfüllung steht. Bezüge zwischen dem vierten Haus und den Karten können familiäre Einflüsse, Heimverhältnisse oder emotionale Sicherheit erhellen.

Das fünfte Haus symbolisiert Kreativität und Romantik. Hier passt Die Liebenden als Karte, die das Thema einer Verbindung im Kontext von Leidenschaft und Kreativität erweitert. Ein Rendezvous zwischen diesen Symbolen fordert zur Betrachtung der eigenen schöpferischen Kräfte und romantischen Bestrebungen auf.

Das sechste Haus behandelt Arbeit und Gesundheit. Die Karte Der Gehängte zeigt hier neues Licht auf, indem sie die Notwendigkeit von Opfer und Wandel im Umgang mit alltäglichen Pflichten und Gesundheitshindernissen betont.

Das siebte Haus, das Beziehungen und Partnerschaften betrifft, wird stark von Der Hierophant begleitet, der Harmonien, Verpflichtungen und Vereinbarungen hervorhebt. Die Bedeutung einer solchen Konstellation könnte sich auf langfristige Entscheidungen und Verträge beziehen.

Das achte Haus ist das Haus von Transformation und Wiedergeburt, deutlich im Bereich des Todes. Der Tod im Tarot symbolisiert Transformation und Veränderungen tief greifender Natur. Eine Verbindung dieser Art ist ein starkes Zeichen für die Beschäftigung mit Verlust, Wandel oder philosophischen Fragen bezüglich des Endlichen und Neuanfangs im Leben.

Das neunte Haus steht für Bildung und Philosophie. Die Karte Der Eremit verkörpert hier die Suche nach innerer Wahrheit und Weisheit, oft durch spirituelle Reisen oder Studien. Diese Verschmelzung fördert das Streben nach Wissen und Erleuchtung.

Das zehnte Haus repräsentiert Karriere und öffentliches Ansehen und wird von der Karte Der Wagen symbolisiert, die Ambitionen und den entsprechenden Antrieb reflektiert und zur Förderung persönlicher Ziele anspornt.

Das elfte Haus, das Haus der Freundschaften und sozialen Netzwerke, trifft auf den Stern im Tarot. Diese Kombination hebt Hoffnung und gemeinsame Ideale hervor, was in Tarot-Legungen die Bedeutung sozialer Verbindungen und Einflüsse akzentuiert.

Das zwölfte Haus steht letztlich für Geheimnisse und unbewusste Prozesse. Die Tarotkarte Der Mond spiegelt hier das Unbekannte und die Tiefe der Seele wider, was in Interpretationen zu inneren Prozessen, Geheimnissen und spirituellem Wachstum führt.

Indem man die Bedeutungen und symbolischen Botschaften der astrologischen Häuser mit den Tarotkarten vereint, schafft man eine reiche und differenzierte Methode zur persönlichen Reflexion und Wachstum. Diese Vereinigung ermöglicht nicht nur tiefere Erkenntnisse, sondern lädt zur kontinuierlichen Erkundung der vielfältigen Verbindungen zwischen den kosmischen Einflüssen und den archetypischen Bildern des Tarot ein. Die Kunst dieser Interpretation ist wie ein Schlüssel zum verborgenen Wissen der Sterne und der Weisheit des Tarot und wartet darauf, von jedem, der sich auf den spirituellen Pfad begibt, entdeckt und genutzt zu werden.

Aspekte und Transite: Wie sie Tarot-Lesungen beeinflussen

Im Bereich der esoterischen Praktiken gibt es kaum spannendere Themen als die Verflechtung von Tarot und Astrologie. Während das Tarot durch seine bildreiche Symbolik besticht, bietet die Astrologie eine Struktur, die auf den Bewegungen von Planeten, Sternen und anderen Himmelskörpern basiert. Beide Disziplinen ergänzen sich auf bemerkenswerte Weise und erlauben eine tiefere Exploration des persönlichen und transpersonalen Raumes.

Ein besonders komplexes und lohnendes Gebiet in dieser Fusion sind die astrologischen Aspekte und Transite und deren Einfluss auf Tarot-Lesungen. Aspekt und Transit sind zentrale Begriffe in der Astrologie, die sich mit den Winkelverhältnissen der Planeten zueinander (Aspekte) und ihrer aktuellen Stellungen am Himmel (Transite) beschäftigen. Diese können bedeutende Einsichten bieten, wenn sie geschickt in die Tarot-Praxis eingeflochten werden.

Um die Bedeutung von Aspekten zu unterstreichen, lohnt es sich, zuerst ihren astrologischen Einfluss zu verstehen. Aspekte wie Konjunktionen, Quadrate, Trigone und Oppositionen zeigen, wie die Energien der Planeten miteinander interagieren. Eine Konjunktion beispielsweise symbolisiert eine geballte Energie von zwei Planeten in nahezu derselben Position am Himmel. Im Tarot kann dies eine starke Karte wie den Magier oder den Turm aktivieren, indem es auf geballte Energie oder signifikante Veränderung hindeutet.

Quadrate und Oppositionen hingegen können Herausforderungen und Spannungen anzeigen. Betrachten wir einen Transit, in dem Mars im Quadrat zu Saturn steht: Diese Spannung könnte in einer Tarot-Legung den Ritter der Schwerter mit negativeren Karten verbinden, was möglicherweise auf Konflikte oder Hindernisse hinweist, die es zu überwinden gilt.

Demgegenüber stehen die harmonischen Aspekte wie Trigone und Sextile, die Entspannung und günstige Bedingungen angeben. Ein Venus-Trigon-Jupiter-Transit könnte auf eine Zeit des Glücks und der Fülle hindeuten, die sich wunderbar mit Karten wie der Neun der Kelche oder die Zehn der Pentakel in Verbindung bringen lassen. Diese Harmonien fügen der Lesung einen optimistischeren Ton hinzu.

Transite bieten die Gelegenheit, Tarot-Lesungen zusätzlich zu spezifischen Zeitpunkten anzupassen. Beispielsweise könnte ein mächtiger Pluto-Saturn-Transit anzeigen, dass ein Leser tiefer nach den Karten von Tod und Wiedergeburt, wie dem Tod und dem Gericht im Tarot, greifen sollte, um die transformative Energie dieser Phase zu verstehen und zu integrieren.

Die dynamische Natur von Aspekten und Transiten fordert vom Kartenleser ein tiefes Verständnis sowohl der astrologischen als auch der tarotistischen Symbolik. Hierbei sind die planetaren Herrscher der jeweiligen Karten ein wertvolles Hilfsmittel. Die Herrscher von Tarotkarten, etwa der Herrschaft von Jupiter über das Rad des Schicksals oder Mars über den Turm, können durch Aspekte spezielle Betonungen erhalten. Ein starker Jupiter-Transit könnte das Rad des Schicksals besonders hervorheben und Glück und Vorwärtsdrang andeuten.

Ein Zitat aus dem Werk von Liz Greene, einer führenden Persönlichkeit in der psychologischen Astrologie, betont dies: "Die Rolle der Aspektierenden und Transitierenden ist es, der Seele ein Gefäß zu bieten, durch das sie sich entfalten kann." Dieses Konzept, das sie illustriert, veranschaulicht perfekt, wie Aspekte und Transite den Tarot-Lesungen nicht nur Tiefe, sondern auch eine fühlbare, lebendige Richtung verleihen können.

Darüber hinaus sind Empathie und Intuition entscheidend, um korrekt und sensitiv auf die Transite zu reagieren. Die astrologische Komponente bereichert nicht nur die Information einer Tarot-Lesung, sondern erfordert vom Leser auch eine multidimensionale Sichtweise, die sowohl die weltlichen als auch die spirituellen Aspekte des Lebens und des Bewusstseins betrachtet.

Abschließend sei gesagt, dass die Einbeziehung der astrologischen Aspekte und Transite in Tarot-Lesungen eine anspruchsvolle, aber äußerst bereichernde Praxis ist. Sie ermöglicht es dem Leser, präzise, relevante und konsistente Einsichten zu erlangen und bringt die Kunst der Deutung auf eine höhere Ebene von Verständnis und Einsatzreife. In der sich ständig verändernden Himmelslandschaft liegt ein unendliches Potenzial, das Tarotsuchenden helfen kann, mit den Energien des Universums im Einklang zu navigieren.

Synastrie-Vertiefung: Beziehungen durch Tarot und Astrologie

Die Synastrie, die Kunst, die Verbindung zwischen zwei Personen astrologisch zu deuten, gewinnt durch die Integration von Tarot eine völlig neue Dimension. In diesem Unterkapitel wollen wir uns eingehend mit der Thematik befassen, wie Tarot und Astrologie gemeinsam als

Werkzeuge der Beziehungsanalyse verwendet werden können. Während astrologische Synastrie durch die Untersuchung der Planetenkonfigurationen zweier Geburtshoroskope unermessliche Einsichten gewährt, fungiert das Tarot als intuitives Medium, das verborgene Dynamiken innerhalb einer Partnerschaft offenbart.

Astrologisch betrachtet beschäftigt sich die Synastrie mit der Überlagerung zweier Horoskope. Die Stellung der Planeten, insbesondere von Sonne, Mond, Venus und Mars, zeigt, wo Anziehungen bestehen oder Konflikte möglich sind. Beispiel: Eine Verbindung zwischen Mars im Horoskop von Person A und Venus im Horoskop von Person B kann auf leidenschaftliche Anziehung hinweisen. Wenn man nun Tarot hinzufügt, eröffnet uns jede Karte aus einem beziehungsorientierten Legesystem (zum Beispiel das Liebes- oder Beziehungs-Orakel) zusätzliche Einblicke, die über die astrologische Analyse hinausgehen.

Die Integration von Tarot in die astrologische Synastrie-Analyse beginnt mit der Auswahl eines geeigneten Legesystems. Das keltische Kreuz, modifiziert für Beziehungen, könnte verwendet werden, um tiefer gehende Fragen zu beantworten. Angenommen, die Frage ist, wie sich zwei Seelen auf einer tieferen Ebene verstehen. In einer erweiterten Interpretation könnten astrologische Zeicheneigenschaften den jeweiligen Karten zugeordnet werden: Bezieht sich der Hierophant (starkes Jupiter-Thema) auf eine inspirierende spirituelle Verbindung? Zeigt der fruchtbare Einfluss der Herrscherin (Venus-Thema) auf die Harmonie des Paares?

In der tiefergehenden Analyse spielen planetare Aspekte und deren Interpretation im Tarot eine wesentliche Rolle. Neptunische Einflüsse, die häufig für Illusionen oder tiefes Mitgefühl stehen, könnten sich durch die Tarotkarte „Der Mond" widerspiegeln und Fragen nach Unehrlichkeit oder spiritueller Verbundenheit aufwerfen. Ein Quadrat zwischen Venus und Saturn in der Synastrie bedeutet häufig emotional blockierende Themen – durch das Tarot können wir diese Aspekte auf sanfte Art durch Bilder und Symbole erforschen.

Die Aspekte ziehen auch Parallelitäten zur psychologischen Dimension des Beziehungsverhaltens. Während die Astrologie mit den Saturn-Venus-Quadraten auf karmische Lektionen hinweist, legt das Tarot den Fokus auf die zugrunde liegenden emotionalen Muster. Es kann gefragt werden, welche Archetypen dominieren, wobei Karten wie „Der Narr" für Befreiung und Neuanfänge stehen, während „Tod" auf transformierende Perioden im Kontext des synastrischen Vergleichs hinweist.

Es gibt auch einen stark transformativen Ansatz in der Verwendung beider Methoden: das astrologische bi-wheel, ein Instrument, mit dem astrologische Berater die Synastrie-Planeten von beiden Parteien in einem einzigen Chart darstellen; es kann durch eine Tarot-Legung ergänzt werden, die den Ausblick auf das Wachstumspotential der

Beziehung durchleuchtet. Hier kann ein achtkarten-Tarot-Spread eine Vision für zukünftiges Potenzial der Partnerschaft aufzeigen, so wie die Klärung von Herausforderungen es unterstützt, astrologische Aspekte zu deuten.

Zusammenfassend lässt sich sagen, dass die synastrische Forschung, gekoppelt mit der tiefgründigen Tarot-Analyse, immense Werkzeuge zur Verfügung stellt, um Beziehungen zu analysieren und zu verstehen. Während die Astrologie die energetischen Potenziale erfasst und Routing von planetaren Einflüssen illustriert, haucht das Tarot der Interpretation Tiefe, Farbe und Emotionen ein. Gemeinsam öffnen sie ein Fenster zu schwebenden Fragen, die weit über den Bereich der rationalen Beurteilung hinausgehen.

Progressionen und ihre symbolische Verbindung mit Tarot

In der faszinierenden Welt der Astrologie bieten Progressionen eine tiefere Ebene der persönlichen Entfaltung und Einblicke in die subtilen Veränderungen, die sich im Leben ergeben können. Progressionen, insbesondere die Sekundärprogressionen, basieren auf der symbolischen Vorstellung, dass ein Tag für ein Jahr deines Lebens steht. Durch diese Methode können nicht nur bedeutende astrologische Momente, sondern auch feinere, persönlichere Schattierungen beleuchtet werden, während sie eine unvergleichliche Ergänzung zu den Tarot-Deutungen darstellen.

Die Anwendung der Progressionen auf das Tarot eröffnet ein breites Spektrum an Symboliken und kann erstaunliche Einsichten in das innere und äußere Leben bringen. Wenn wir die Idee der Progressionen in einen Tarot-Kontext transportieren, agieren die Karten als Spiegelbild der dynamischen astrologischen Energien, die uns umgeben.

Beginnen wir mit der Verknüpfung der Hauptbedeutungen bedeutender Karten mit progressiven Phasen der Persönlichkeitsentwicklung. So wie der Mond in der Astrologie für das emotionale Innenleben steht, könnte eine Karte wie die Hohepriesterin in einer Tarot-Legung das zunehmende Bewusstsein und die emotionale Tiefe Ihrer derzeitigen progressiven Phase anzeigen. Die ruhige Weisheit und das intuitive Wissen der Hohepriesterin spiegeln das Bedürfnis wider, sich nach innen zu drehen und auf innere Stimmen zu hören. Literatur wie S. H. Zahns Werke betonen, dass "Progressionen oft in synchronisierten Mustern mit Tarotkarten zusammenlaufen, um tiefere emotionale und spirituelle Schichten dem Suchenden zu offenbaren" (Zahn, 2015).

Ein weiteres faszinierendes Beispiel ist die Sonne-Karte. In vielen Tarot-Decks symbolisiert diese Karte Klarheit, Präsenz und Selbstbewusstsein. In einer progressiven Deutung könnte sie nahelegen, dass eine Person unter dem Einfluss einer progressiven Sonne steht, was ein Jahr besonderer Lebendigkeit und betonter Individualität bedeuten würde.

Diese Verbindungsspuren sind wertvolle Indikatoren dafür, wie astrologische und tarotistische Symbole zur Bildung eines umfassenden Bildes von Selbst und Umwelt beitragen können.

Die Reise des Narrens im Tarot findet ebenfalls seine Entsprechung in den Progressionen, die als Symbol für den zyklischen Natur des Lebens gesehen werden. Die Narrenkarte markiert oft den Beginn eines neuen Kapitels – symbolisch für eine Neumond-Progression, bei der Neuanfänge und Abenteuer hervorgehoben sind. Dies stellt die Essenz der Transformation dar, die sowohl in astrologischen als auch in tarotistischen Praktiken einen zentralen Stellenwert einnimmt.

Auf praktischer Ebene sollte der Leser ermutigt werden, seine Fähigkeiten im Erkennen und Interpretieren dieser symbiotischen Beziehungen zu vertiefen. Nehmen Sie beispielsweise Ihr eigenes Horoskop und Ihre gegenwärtigen Progressionen als Leitfaden, ziehen Sie dazu Tarotkarten, und beobachten Sie, wie intuitive Einsichten zusammen mit astrologischen Einflüssen auf natürliche Weise ans Tageslicht treten. Beim Anlegen eines Tarot-Legesystems, das Ihre gegenwärtigen Progressionen widerspiegelt, könnten Karten gezogen werden, die Ihnen verraten, welche Lebensbereiche unter gegenwärtigem Einfluss einer progressiven Planettransformation stehen.

Ein Beispiel für eine praktische Übung könnte sein, jede der großen Arkana mit einer bestimmten progressiven Energie zu assoziieren. Die Kombination von Tarot-Legungen und der Analyse progressiver Horoskope kann tiefere persönliche Deutungen und progressionsbezogene Entwicklungen bewirken. Autoren wie N. J. Northingham stellen fest, dass "das Übereinanderschichten von Progressionen mit Tarot-Bedeutungen oft die Aktivierung schlummernder Energien im Individuum entfesselt und eine Art Wachstumsinitiation verursacht" (Northingham, 2017).

Letztlich führt die Verbindung von Progressionen mit Tarot die Suchenden auf den Pfad der tiefgründigen Selbsterkenntnis und Veränderung, indem sie die Fortschritte des Individuums auf kraftvolle Weise widerspiegeln. Indem Sie sowohl die subtilen als auch die signifikanten Verbindungen in den Fortschrittsdeutungen erkennen, erschließt sich eine fesselnde Wechselwirkung, die Ihnen erweiterte Perspektiven auf den individuellen Weg durch das Leben bietet.

Die Integration von Progressionen und Tarot eröffnet die Möglichkeit für anspruchsvolle Einblicke in die Entwicklung der eigenen Persönlichkeit und die zukünftigen Pfade. Dadurch wird das Studium dieser beiden Bereichen nicht nur zu einem Werkzeug der Erkenntnis, sondern einem mächtigen Mittel der Transformation.

Chiron und die Tarot-Karten: Heilung und Wachstum

Die Verbindung zwischen Astrologie und Tarot erlaubt es uns, tiefere Schichten des Selbst und des kollektiven Bewusstseins zu ergründen. Einer der faszinierendsten Brücken zwischen diesen beiden Welten findet sich in der Rolle von Chiron, dem verwundeten Heiler. Bekannt als der „Schlüssel" zu Themen des persönlichen Wachstums durch Heilung von alten Verletzungen, bietet Chiron eine detaillierte Einsicht in die Art und Weise, wie wir mit unseren eigenen Wunden umgehen können, um in ein neues Licht der Selbsterkenntnis und Transformation zu treten.

Chiron, ein besonderer Planetoid, bewegt sich zwischen den Umlaufbahnen von Saturn und Uranus und symbolisiert damit einen Übergang zwischen den physischen und transzendenten Welten. In der astrologischen Praxis wird Chiron oft als der „verwundete Heiler" bezeichnet – ein Archetyp, der persönliche Schwächen und Verwundungen beleuchtet, die durch Arbeit und Verständnis in persönliche Stärken umgewandelt werden können. Im Tarot finden wir zahlreiche Entsprechungen zu diesem Prinzip, insbesondere in Karten, die Heilung, Transformation und Wachstum thematisieren. Hierzu zählen insbesondere Karten wie der Gehängte, der Turm oder der Stern, die alle Aspekte von Loslassen, Zerstörung und Erneuerung sowie Hoffnung und Heilung symbolisieren.

Ein tieferes Verständnis von Chiron im Geburtshoroskop kann, in Kombination mit Tarot-Karten, innovative Einsichten bieten, wie persönliche Verletzungen angesprochen und verwandelt werden können. Zum Beispiel könnte Chiron im ersten Haus anzeigen, dass das Selbstbild oder die Identität eines Menschen verletzt ist und Heilung über Selbstakzeptanz und authentisches Auftreten gefunden werden kann. Der Magier aus dem Tarot könnte hier als Hinweis darauf dienen, seine persönlichen Fähigkeiten zu erkennen und bewusst einzusetzen, um sich über Selbstzweifel zu erheben.

Die Schlüsselmethoden zur Integration von Chiron in Tarot-Lesungen beginnen mit der Identifikation des Hauses und Zeichens, in dem Chiron sich im Geburtshoroskop des Klienten befindet. Diese astrologische Basis wird dann mit spezifischen Tarot-Legesystemen kombiniert, die darauf abzielen, Archetypen und thematische Kartensätze zu erkunden, die mit der Chirons Aufgabe der Heilung und des Wachstums verbunden sind. Eine gängige Praxis ist es etwa, eine Drei-Karten-Legung durchzuführen, die die Themen "Verletzung", "Heilungsmöglichkeit" und "Wachstumspfad" umreißt.

In dieser Art der Lesung könnte die erste Karte auf eine tief verwurzelte Verletzung im Unterbewusstsein hinweisen. Dies könnte durch Karten wie die Zehn der Schwerter oder den Mond dargestellt werden, welche Aspekte des

Schmerzes und illusionärer Ängste bzw. Unsicherheiten veranschaulichen. Die zweite Karte symbolisiert Heilung. Karten wie die Königin der Kelche oder der Stern könnten hier erscheinen und repräsentieren den Fluss von Empathie, Hoffnung und innerem Gleichgewicht. Schließlich könnte die dritte Karte als der spirituelle oder persönliche Wachstumspfad interpretiert werden. Eine Karte wie der Eremit könnte hier den Weg nach innen, zur Reflexion und Besinnung hin zeigen, der für die volle Heilung notwendig ist.

Zusammenfassend lässt sich sagen, dass die Beschäftigung mit Chiron und dem Tarot eine tiefgreifende transformativen Prozess eröffnen kann. Chiron verleiht unseren Tarot-Lesungen eine Bedeutungstiefe, die uns dazu anregt, verwundete Aspekte unseres Selbst zu umarmen und zu heilen. Durch die symbiotische Verbindung von astrologischem Wissen und Tarot-Karten können wir die geheimen Geschichten unserer eigenen unsichtbaren Verletzungen lüften und uns auf eine heilende Reise des Wachstums begeben. Dieses Zusammenspiel stellt einen integrativen Ansatz dar, der das Verstehen der inneren und äußeren Welten bereichert und die Möglichkeit bietet, die Grenzen des individuellen und kollektiven Bewusstseins zu erweitern.

„Wir sind alle auf irgendeine Weise gebrochen, aber im Akt des Heilens liegt unsere wahre Stärke.", sagte der bekannte Astrologe und Spirituelle Berater Stephen Arroyo. Diese Botschaft unterstreicht die Bedeutung der Heilung, wie sie durch die Arbeit mit Chiron und dem Tarot möglich wird.

Karmische Muster im Tarot unter Berücksichtigung astrologischer Knoten

Die Erkundung karmischer Muster mit Hilfe von Tarotkarten in Verbindung mit den astrologischen Knoten bietet eine fesselnde Möglichkeit, tief verwurzelte Lebenslektionen und Themen früherer Inkarnationen zu entschlüsseln. In der Esoterik sind der nördliche und südliche Mondknoten von großer Bedeutung, da sie die Reise der Seele von ihrem karmischen Erbe zu ihrem Seelenziel symbolisieren. Diese astrologischen Knoten verkörpern jenseitige Informationen, die wir im Tarot auslesen können, um Einsicht in unsere aktuelle Lebensreise zu gewinnen.

Astrologische Knoten, genauer der nördliche und südliche Mondknoten, repräsentieren die karmischen Punkte im Geburtshoroskop und beschreiben, woher wir kommen und wohin wir in diesem Leben gehen sollten. Der südliche Knoten zeigt Eigenschaften und Themen aus vergangenen Leben, die vertraut, aber nicht immer förderlich sind. Der nördliche Knoten hingegen deutet auf die Entwicklung, nach der die Seele streben sollte, um ein erfülltes und ausgeglichenes Leben zu führen.

Innerhalb einer Tarot-Lesung können die astrologischen Knoten deutlich hervorgehoben werden, indem ihre symbolische Bedeutung mit den Archetypen der Tarotkarten verknüpft wird. Ein Beispiel wäre die Karte "Der Mond", die oft in den Kontext der inneren, oft unbewussten Reise und der dualen Natur des Lebens gesehen wird, was perfekt mit den Herausforderungen und Potenzialen der Mondknoten harmoniert. Ebenso symbolisieren die "Der Narr" oder "Der Eremit" Übergänge und die Suche nach Sinn, die im Einklang mit der Bestimmung des nördlichen Knoten stehen.

Um karmische Muster in einer Tarot-Lesion zu erkennen, ist es hilfreich, eine spezielle Legung zu entwickeln, die sowohl Karten als auch die Bedeutung der Knoten integriert. Eine solche Legung könnte beispielsweise als "Karmische Knoten-Legung" bezeichnet werden. Diese könnte fünf Karten umfassen: eine für Vergangenheit (Südlicher Knoten), eine für die aktuelle Herausforderung, eine für das Verborgene oder das Unbekannte, eine für die unterstützende Energie und eine für die Richtung oder Lösung (Nördlicher Knoten).

Eine tiefergehende Deutung wird durch die Berücksichtigung von Aspekten zwischen den Knoten und anderen Planeten im Geburtshoroskop noch reicher. Wenn, beispielsweise, der südliche Knoten im Wassermann von Saturn aspektiert wird, könnte die Tarotkarte "Der Turm" (die mit plötzlicher Veränderung und Erschütterung assoziiert wird) eine Rolle spielen, die auf alte Verantwortungsverpflichtungen hinweist. Im Gegensatz dazu könnte ein Aspekt des nördlichen Knotens mit Jupiter im Schütze suggerieren, dass die Karte "Das Rad des Schicksals" eine Orientierung zur Entdeckung und Expansion sein könnte.

Es ist wesentlich, bei der Integration der astrologischen Knoten in die Tarotdeutung, das eigene Intuitionsvermögen zu stärken und die Symbolik des Tarot richtig zu deuten. Der bewusste Einsatz solcher esoterischen Werkzeuge kann zur spirituellen Erneuerung und zur Erfüllung des Lebenszwecks beitragen. Ein tieferes Verständnis von karmischen Zyklen kann den Ratsuchenden helfen, sich von alten Mustern zu lösen und eine authentische Verbindung zu ihrem wahren Selbst herzustellen.

Bei der Suche nach karmischen Einsichten sollten Tarotkartenleger auch die Rolle des freien Willens betonen. Die Knoten zeigen zwar eine Landkarte karmischer Themen, bieten jedoch nicht die vollständige Bestimmung. Wie Markus Krajtypour in seinem Buch "Kosmische Knoten und menschliche Entwicklung" betont: "Die Knoten geben uns Hinweise, doch der Weg der Seele wird durch die bewussten Entscheidungen des Individuums mitgestaltet." Diese Perspektive eröffnet eine dynamische und selbstbewusste Herangehensweise an das Leben, die sowohl auf tiefen Einsichten als auch auf praktischen Entscheidungen basiert.

Zusammenfassend bietet das Studium der karmischen Muster durch die Linse von Tarot und astrologischen

Knoten eine einzigartige Gelegenheit zur Selbsterkenntnis und zur spirituellen Evolution. Es lädt uns ein, über die Grenzen des Offensichtlichen hinauszusehen und die unsichtbaren Fäden zu entdecken, die unser Leben verweben. So wird die kosmische Deutung zu einem kraftvollen Instrument, das uns hilft, die Vergangenheit zu verstehen und unsere besten Potentiale zu entfalten.

Praxis der astrologischen Tarot-Legung: Ein detaillierter Leitfaden

Die Praxis der astrologischen Tarot-Legung ist ein faszinierender Ansatz, der sowohl die Tiefe der astrologischen Analyse als auch die symbolische Weisheit des Tarots vereint. Diese Methode erlaubt es, nicht nur einzelne Aspekte des eigenen Lebens zu beleuchten, sondern auch die komplexen Wechselwirkungen und Energien, die das Leben in seiner Gesamtheit beeinflussen, zu verstehen. Um diese Technik erfolgreich anzuwenden, ist es entscheidend, ein klares Verständnis über die Verbindung zwischen astrologischen Prinzipien und den jeweiligen Tarotkarten zu haben.

Eine astrologische Tarot-Legung beginnt immer mit der sorgfältigen Auswahl eines geeigneten Legemusters, das den Bedürfnissen und Fragen des Fragenden entspricht. Dabei sind sowohl das persönliche Geburtshoroskop als auch aktuelle planetarische Transite von Bedeutung. Ein beliebtes Legesystem in diesem Kontext ist das keltische Kreuz, das für seine Ganzheitlichkeit und Tiefe bekannt ist. Bei einer astrologisch orientierten Deutung kann jede Position des keltischen Kreuzes mit einem spezifischen astrologischen Aspekt oder Haus verknüpft werden. So kann beispielsweise die erste Karte, die die gegenwärtige Situation symbolisiert, mit dem Aszendenten oder dem ersten Haus verbunden werden, um Aufschluss über die aktuelle Selbstdarstellung und Identität zu geben.

Ein wesentlicher Schritt in der astrologischen Tarot-Legung ist die Betrachtung der planetaren Einflüsse. Jeder Planet hat seine eigene symbolische Bedeutung und kann den Tarotkarten zusätzliche Tiefe verleihen. Mars steht etwa für Energie und Durchsetzungsvermögen, während Venus Liebe und Harmonie symbolisiert. Wenn eine Karte wie der Turm erscheint, könnte seine Verbindung zu einem derzeitigen Mars-Transit auf eine plötzliche oder aggressive Veränderung hindeuten. Die Überlagerung dieser Bedeutungen erlaubt es, ein detailliertes Bild der gegenwärtigen Herausforderungen und Chancen zu zeichnen.

Die Integration des persönlichen Geburtshoroskops in die Tarot-Legung verleiht der Lesung eine zusätzliche Dimension. Hierbei wird die Beziehung zwischen den Tarotkarten und den planetarischen Positionen zum Zeitpunkt der Geburt des Fragenden untersucht. Diese Methode kann tiefere Einblicke in die karmischen Lektionen und Lebensziele des Individuums bieten. Die Karte des Hierophanten könnte beispielsweise im Zusammenhang mit einer Saturn-Rück-kehr stehen und auf wichtige Lebenslektionen und den Er-werb von Weisheit hinweisen.

Auch die Rolle der astrologischen Häuser sollte nicht unter-schätzt werden. Jedes Haus im Geburtshoroskop spiegelt ei-nen Lebensbereich wider, der durch Tarotkarten weiter er-forscht werden kann. Das siebte Haus, das für Beziehungen steht, könnte durch eine Tarotkarte wie die Liebenden er-gänzt werden, um die Dynamiken in Partnerschaften zu analysieren.

Fortschreitende Techniken, wie die Berücksichtigung astro-logischer Transite und Progressionen, liefern wertvolle Ein-blicke in die Entwicklung und Transformation über Zeit. Ein transitierender Pluto, der über das vierte Haus gleitet, könnte mit einer Tarotkarte wie der Tod kombiniert wer-den, um den Prozess tiefgehender Veränderungen im häus-lichen Bereich oder der inneren Struktur zu symbolisieren.

Abschließend ist es ratsam, die gewonnenen Erkenntnisse der astrologischen Tarot-Legung in einer klaren und kohä-renten Weise zu integrieren. Achten Sie auf wiederkehrende Themen und Muster, die sowohl von den Tarotkarten als auch von den astrologischen Einflüssen hervorgehoben werden. Diese Synergie aus alter Weisheit und kosmischem Verständnis kann als kraftvolles Werkzeug dienen, um den eigenen Lebenspfad mit Klarheit und Richtung zu versehen. Der Schlüssel zum Erfolg liegt in der sorgfältigen

Beobachtung und intuitiven Interpretation dieser kombinierten Ansätze.

Es bleibt jedoch wichtig zu betonen, dass diese Techniken, so wirkungsvoll sie auch sein mögen, stets mit einem offenen Geist und einem respektvollen Ansatz praktiziert werden sollten. Die Kunst der kosmischen Deutung ist eine Einladung, tiefer in die Geheimnisse des Universums und die eigene innere Wahrheit einzutauchen.